恋愛障害

どうして「普通」に愛されないのか?

トイアンナ

光文社新書

The Disorder in Relationship
by Anna Toi
Kobunsha Co., Ltd., Tokyo 2016:06

はじめに――恋愛障害だった私

突然ですが、こんなことを思っている方はいらっしゃいませんか。

「いつまで経ってもいい出会いに恵まれない」
「なぜいつも都合のいい女になってしまうんだろう」
「自分には、一生いい恋愛なんてできないかもしれない」
「なぜ自分が好きになる人は、自分のことを愛してくれない人ばかりなんだろう」
「こんなに尽くしてるのに、ちっとも愛されている気がしない」
「自分を好きになってくれる人を愛せないのはなんでだろう」
「恋愛なんてもうしたくないし、私の人生には必要ない」

この本は、そういった疑問や不安を解決するために生まれました。

私は恋愛アドバイザーとしての活動や、外資系企業時代の消費者リサーチ、就職活動支援を通して「このままでいいんだろうか」と悩んでいる五〇〇名を超える方々からキャリアや生活についてのお話を伺ってまいりました。その中で、「キャリアに問題はないけれど、恋愛で悩んでいる」「恋愛をしたいけれど、踏み出せない」といった、恋愛に関わる深い話を伺うことも多くありました。

あらゆるご相談の中でも、「恋愛」は人生に関わる大きなトピックです。

堅実な恋愛を求めているだけなのに、「振り返ってみると、同じ失敗を繰り返している」方の苦しみは、いかばかりでしょうか。

この本では恋愛において、対等なパートナーシップを作ることができず長期的に苦しむことを「恋愛障害」と名付けました。

失恋が辛く苦しいのは当然のことです。

ですが、もし「何度も同じような失恋をする」「一回の失恋を引きずり、五年も十年も苦しんでいる」のであれば、それはあなたの人生における大きな「障害」になっていると言えるのではないでしょうか。

また、「いつも二番目の女になってしまう」「DVの被害に遭ってばかり」というほど極端ではなくとも、「恋人へ尽くしすぎて、自分の意見が言えず苦しんでいる」「彼から大切にしてもらえない」「いつも私の恋愛はうまくいかないと感じている」といった恋愛障害予備軍の方も多くいらっしゃるかと思います。

何人もの方からご相談を伺ううちに、恋愛障害の方の共通点は、過去の経験から「強烈な寂しさを抱えていること」だと気づかされました。

そのため、一人でいることに耐えきれず、「自分を誠実に愛してくれない」人でも離れられなかったり、自分が傷つくとわかっている行動もやめられなかったりしてしまうのです。

その原因は、寂しさを自分でコントロールする術《すべ》を学ぶ機会を奪われてきたか、あるいは知っているもののうまく使いこなせず「この相手は長期的に見て、将来の自分にとっていい人かどうか？」を冷静に判断することができていないのかもしれません。

あなたも自分の中に「寂しくてたまらない自分」を感じることはないでしょうか。

私がこれまでお話をお伺いした中には、「失敗を恐れ、恋愛自体を長らく敬遠している」方も多くいらっしゃいます。

そして、そういった方を不幸にする相手もまた、同じように寂しさを抱えていることが多く、恋愛障害同士で寄り添い、お互い癒すつもりが傷つけあう関係に陥ってしまうこともあります。

世間ではよく、「ダメな人とばかり付き合う女性は、潜在的にそういう男が好きなのだ」と言われます。ただ、詳しくは本書の中で明らかにしていきますが、「ダメな人と付き合ってしまう女性」＝「ダメな人が好きな女性」というわけではありません。

女性を傷つけてしまう男性は寂しさを抱えているため、恋愛障害の女性の寂しさにも気づきやすい傾向があります。女性もそんな男性に対して「この人は私の寂しさを埋めてくれる存在だ」「彼の苦しみをわかってあげられるのは私だけだ」と惹《ひ》かれあうのです。

問題は、惹かれあうことで双方が傷つけあってしまう悲しい構造にあります。

ではなぜ恋愛障害にある方は、制御できないほどの「寂しさ」を抱えているのでしょうか。

精神医学の分野ではよく、他人への愛情の抱き方には幼少期の影響があると言われます。

愛情をたっぷり受けて育った人は、その愛情を他人に与えられます。それに対して愛されていないと感じて育った人は、自分の恋愛においても愛し方／愛され方がわからず苦しみます。つまり、子ども時代に受けた愛情の形や接し方を、知らず知らずのうちに恋愛のパートナーや他の人間関係において踏襲《とうしゅう》しているのです。

この現実は、親子関係が良好ではなかった方にだけ当てはまるものではありません。たとえば、子ども時代に過酷ないじめや虐待を受けた方、初期の恋愛でひどい経験をした方が異性恐怖症・対人恐怖症になったり、相手へ過度に追従《ついじゅう》するような行動を取るのは仕方のないことです。私はそういった方に責任があるとは決して思えません。

本書は、これらの問題を解決し、恋愛障害の克服を目指すために書かれています。

＊

申し遅れましたが、この本の著者、トイアンナと申します。

私が数多くの恋愛相談を受けるようになったきっかけは、外資系ＯＬとして消費者リサーチを専門としていたころに遡《さかのぼ》ります。消費者に新製品に対しての意見や感想をインタビューしていたところ、思わぬ家庭内の相談や、人生観についてお話を伺う機会が何度もありました。

二〇一二年四月ごろからは、これら消費者調査や、就活生へのアドバイス、そこから派生したキャリア・恋愛相談実績をもとに現状を分析する「外資系ＯＬのぐだぐだ（現・トイアンナのぐだぐだ）」というブログを始めました。

「キャリアを突き詰めても結婚できないと非難される」「やりがいを求めて就職しても社内で通用するスキルだけを手に入れてしまう」といった記事がよく読まれ、月間最大五〇万ページビューを記録しました。

その後は恋愛キュレーションサイト「ＡＭ」や、キャリア系媒体「ONE CAREER（ワンキャリア）」を始め、約一〇媒体から連載のお仕事をいただきました。その中でも「不倫女子」を特集したインタビューや、女性の「結婚・出産を前提とする手加減をしたキャリア問題」といった記事が人気を集め、今回「恋愛障害」をテーマとした本を書き下ろすことになりました。

自己紹介はこの辺にしておいて……、恋愛障害の克服には次のようなプロセスが必要です。

①　自分が今陥っている恋愛障害のパターンを把握する（一〜三章）
②　漠然とした寂しさの原因となっている、『過去』のできごとを知り、向き合う（四章）

③　その原因を把握した上で過去を克服し、自尊心を取り戻す（四、五章）
④　人から愛されている人の行動をトレースする（五章）

以上のプロセスによって、「寂しさ」を克服することができ、心に余裕を持てるようになります。同時に、恋愛のパートナーやそれ以外の他人からも尊重されるようになります。

ただ、これまで偉そうなことを書きつらねてきましたが、実は私も他人のことをとやかく言える立場ではありません。私自身が「恋愛障害」だったからです。

私の二〇代前半までの恋愛遍歴は、笑えないほど悲惨なものでした。

数百万円貢いだ相手に五股をかけられた挙句、その浮気相手と結婚されたこともありました。花瓶を投げつけられたり、フライパンで殴られたりしても反抗できなかったこともありました。「私なんかを相手にしてくれるのは、彼しかいない」「彼の苦しみをわかってあげられるのは私しかいない」と思い込んでいた、典型的な「恋愛障害」の当事者だったのです。

この本は、自分を実験台にして恋愛障害から脱却した体験と、これまでの恋愛アドバイザーとしての経験を踏まえ、これ以上同じ苦しみを誰にも味わってもらいたくないという思いから書いたものです。

私たちは苦しい恋愛を繰り返してしまうことを、「男運がない」とか「愛される資格がない」といった一言で片付けていいのでしょうか。行動や認知のパターンを変えていくことで、より充足感のある人生を過ごせるようになるのではないでしょうか。

＊

恋愛障害は「私たちが一生背負うもの」ではありません。ダメな恋愛をする習慣は「私たちにたまたま刷り込まれた愛情のパターン」であり「修正できる」ものです。私は、自分自身だけでなく、多くの方が恋愛障害を克服する姿を見てきました。

あなたの中で愛情のパターンがどのように刷り込まれていたのか、そしてどうすれば改善できるのか、どうやって自分の力で愛される力を手に入れられるのか。

本書はこれまでの自分の経験と承ってきたご相談をベースに、時には専門書から、時には幸せな人生を掴《つか》み取った人のインタビューから帰納的に見えてきたメソッドをまとめたものです。

男性読者の方は「なぜ最近、恋愛障害のある方が増えているのか?」について書いた序章の後に、恋愛障害に悩む男性について書いた二章から読み始めてもいいかもしれません（一章は恋愛障害について悩む女性についての章です）。

「女性」と「男性」で分けていますが、女性の例を男性が経験することも、あるいは男性の例を女性が経験することも少なくありません。「当てはまる」と思ったら、女性の例でも男性の例でも、気にせず読み進めてください。

それでは早速、恋愛障害について学んでいきましょう。

トイアンナ

恋愛障害

目次

第二章　女性を消費する「加害男子」に気をつけて！

人生最初の記憶に向き合う

記憶を掘り起こし、メモを溜めていく

あなたの恋愛に「タイトル」をつけよう

過去の辛い記憶が蘇った場合の対処法

感情を吐き出してみてわかることがある！

「恋愛障害ですけど、何か？」と開き直る

恋愛障害の原因を明確にする

第五章　自尊心を育てるエクササイズ

行動から心を変える

ステップ1　「自分がしたいこと」をきちんと伝える

エクササイズ①　無理して場を盛り上げない

エクササイズ②　行きたくなければ「やっぱり行けない」と上手く断る

第六章　恋愛障害からの卒業　211

参考資料

序章——なぜ恋愛障害の人たちが増えているのか

図 1

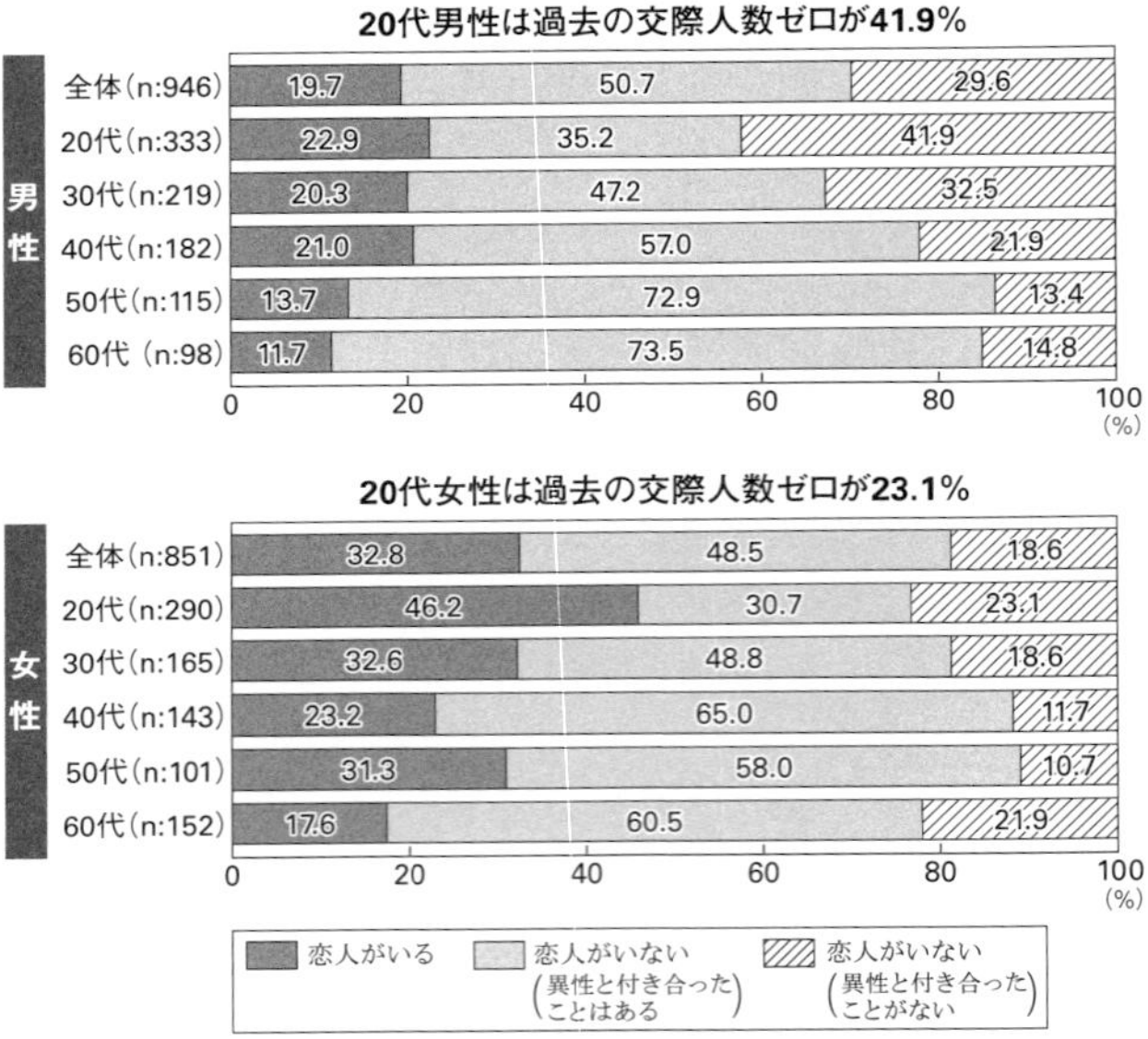

出典：リクルート ブライダル総研「恋愛・婚活・結婚調査2015」

データで見る恋愛障害

「恋愛障害」とは、実際にどのような方が当てはまるのでしょうか。

ここでは簡単に、恋愛障害を抱える人やその予備軍の方が持っている共通項をデータで読み解いていきます。

リクルート ブライダル総研の「恋愛・婚活・結婚調査２０１５」（＊１）からは、二〇代男性の約四割と、女性の約二割に「交際経験がない」という事実が明らかとなります（図１）。

図２

新成人で「交際相手がいる人」は1996年の50％から2016年に26.2％に低下

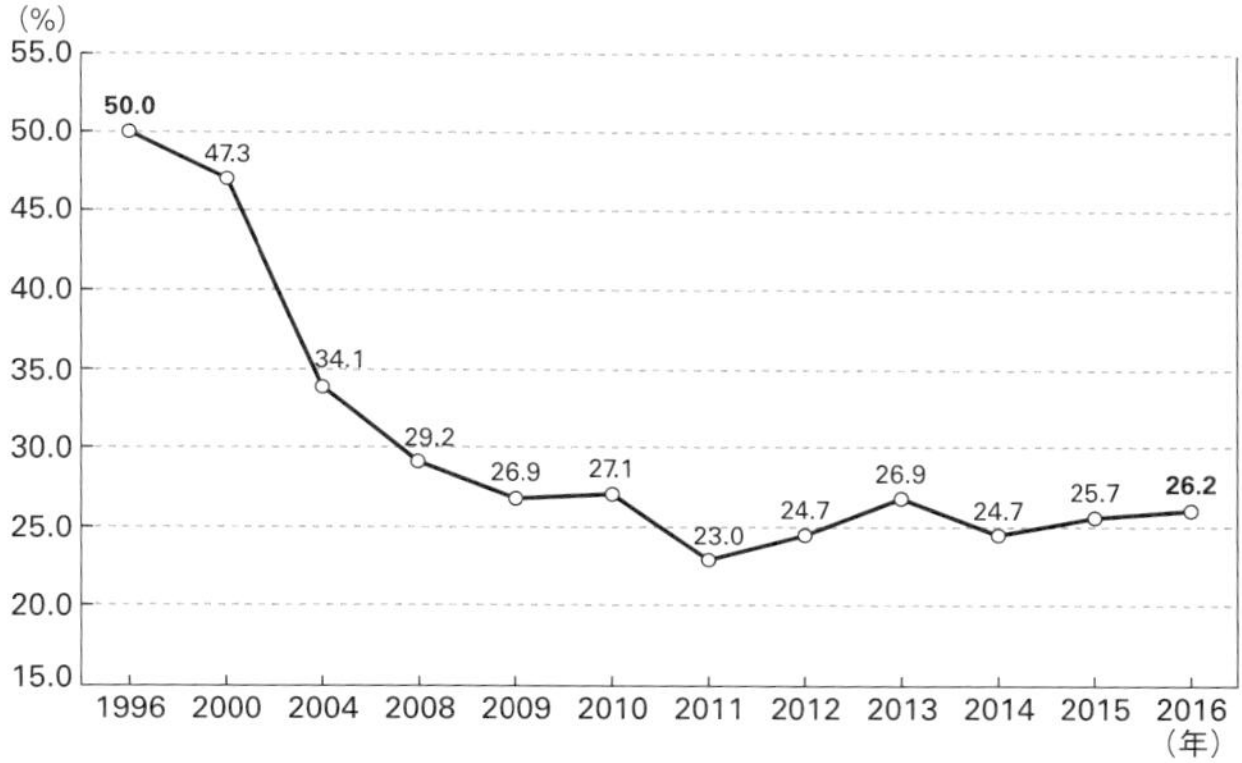

出典：第21回　新成人意識調査　2016年新成人（全国600人）の恋愛・結婚意識（株式会社オーネット、2016年1月5日）

また、大手結婚相手紹介サービス、楽天オーネットの「第21回　新成人意識調査」（二〇一六年）（＊２）によると、新成人の約半数に彼氏彼女がいた一九九六年と比べ、二〇一六年は二六・二％と半減しています（図２）。これでは「恋愛障害」どころか「非恋」の時代とでも考えたくなりますが、詳しく見ていくと実情は異なります。

「モテたい」と思っている新成人は全体の六割にのぼるのです。しかし七割が「異性とのコミュニケーションを苦手」としており、過半数以上の方が「モテたいけど、思うような恋愛ができない」もどかしさを抱えていることがわかります。

この傾向は若者だけのものではありません。

リクルート ブライダル総研「恋愛観調査2014」（＊3）によると、恋人がほしいと答えた二〇代〜三〇代の独身男女は約六割。さらに二〇代男性の約三割、二〇代女性の約半分が、「振られるリスクを思うと告白したいとは思わない」（仲のいい友達のままでもよい）と回答しているのです（図3）。このデータからは、「恋愛はしたいけど、傷つきたくない」ムードが、世代を問わず広がっていることがわかります。

「傷つきたくない」気持ちは誰にでもある感情でしょう。でも、「傷つくくらいなら恋愛をしない」という選択は、ずいぶん思い切った「傷の避け方」だと思います。たとえるなら、溺れるのが怖いから、海水浴には絶対行かないと言っているようなものです。

ではどうして、私たちはここまで傷つくことを恐れるのでしょうか？

内閣府の調査（＊4）によると、現在の一〇代から二〇代で「自分自身に満足している」と答えている日本人は約四六％にすぎず、これは他国よりも著しく低い値です（図4）。「自分自身に満足している」若者が半数を切っていることは特筆すべきでしょう。また、同調査では、約半数が、「自分は役に立たないと強く感じる」とも答えています。

こういった自尊心の低さが、恋愛への態度にも反映されているとは考えられないでしょうか。自分のことが好きではなかったら、好きな人に自分が好かれるなんて大それたプロジェ

図3

20〜30代は男女問わず6割以上の人が「恋人が欲しい」

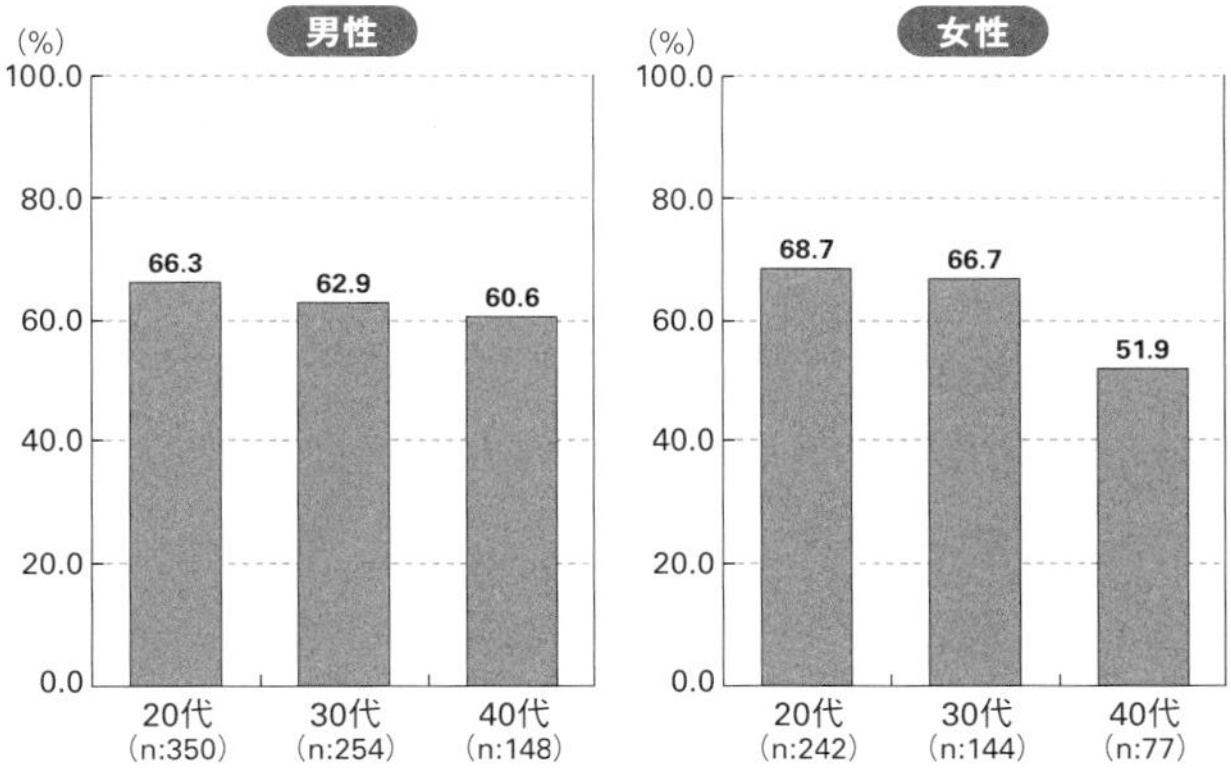

出典：リクルートブライダル総研「恋愛観調査2014」、「恋人が欲しい」割合（「欲しい」「やや欲しい」計／現在、恋人がいない人）

20代男性の約3割、20代女性の約半数が「振られるリスクを思うと告白したいとは思わない」（仲のいい友達のままでもよい）と回答

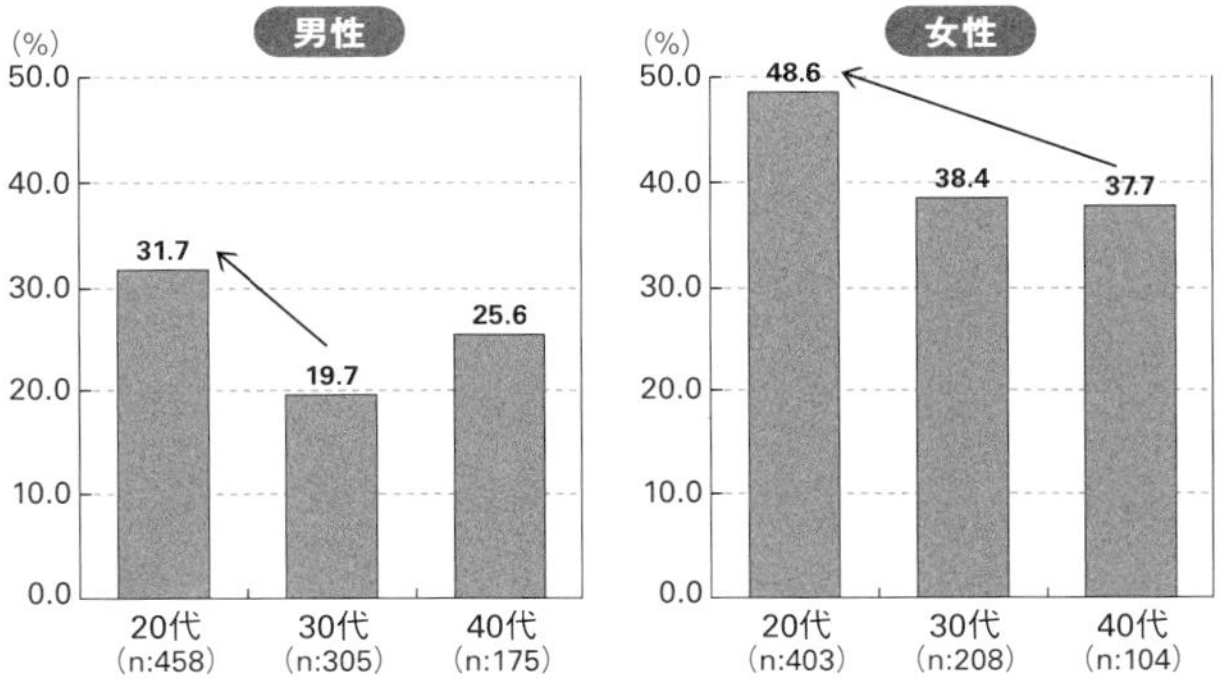

出典：リクルートブライダル総研「恋愛観調査2014」、「非常にあてはまる」「ややあてはまる」計

図4

日本の10〜20代は半数以上が「自分自身に満足していない」

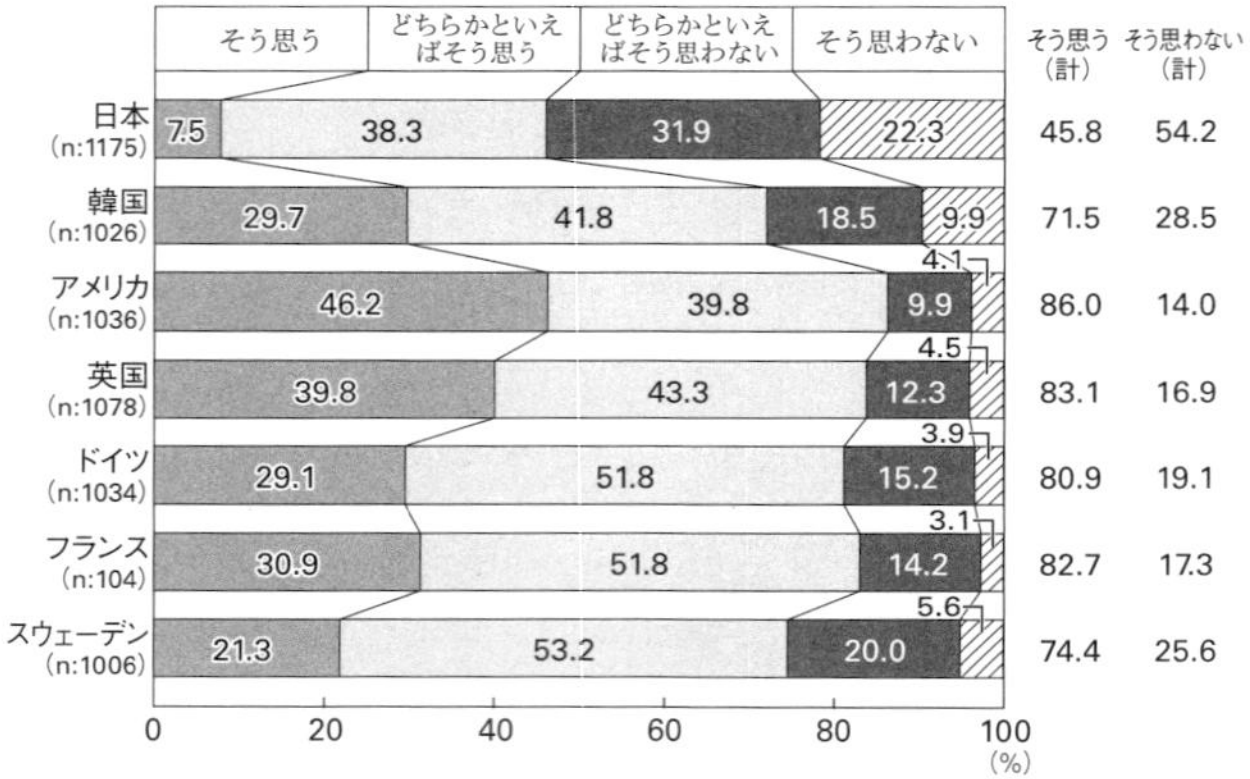

出典：内閣府「平成25年度我が国と諸外国の若者の意識に関する調査」（2014年6月）

クトに着手できないのは当然です。セールスポイントがない自社製品を、無理やり営業させられるようなものですから。

「恋人がほしい人」に焦点をあてたデータも調べてみました。

「恋人がほしい理由」を調べたモッピーラボの調査（＊5）では、「寂しいから」「甘えたいから」がツートップになっています。自分のことは肯定できない一方で、寂しさを埋めるために恋人を求める二〇代〜三〇代の姿が浮かび上がってきます。

「@nifty何でも調査団」によると（＊6）、未婚男性の半数が、未婚女性の一〇人中六人が「愛するより愛されたい」と感じており、本書の冒頭の「どうして私は愛されないんだろう」という苦しみに呼応しているかのようです。『愛されるより愛したい』という歌を歌っていたKinKi Kidsも一九年後、その価値観が逆転するとは思わなかったことでしょう。

ここまでの調査をまとめると、現代の二〇代～三〇代の男女は、「自分のことをそこまで好きではなく」、「寂しさを埋めて自尊心を満たすために、誰かから愛されたい」けれど、「積極的に行動して傷つきたくはない」という像が見えてきます。

私が受ける若い世代の恋愛相談とも、調査結果は一致しています。彼・彼女らは愛されたいと願うばかりでどのように相手を愛するのか、大切にするのかについて考える余裕がない方が多いのです。そのような場合、私は「あなたが一方的に愛されたいだけで、相手は彼じゃなくてもいいんじゃないですか？」と質問してみます。最初は「そんなことないですよ」と否定していた女性も、「彼じゃなくてもよかった。誰かに寂しさを埋めてほしかった」と打ち明けてくださることがあります。

愛情をたっぷり受けて育っていない場合

では、「自分を愛してくれる人」はどのようにして見つけ、選べばいいのでしょうか。

精神医学の分野では、人に対する愛情の抱き方には幼少期の影響があるとされます。

愛情をたっぷり受けて育った人は、その愛情を他人に与えられる一方、愛されていないと感じて育った人は、自分の恋愛でも愛し方／愛され方がわからず苦しむ——。つまり、あなたは、子ども時代に受けた愛情の形や接し方を、知らず知らずのうちに現在の恋愛に投影しているのです。

たとえば何かで失敗した時に、親から過度な叱責を受けることが多かった人は自己主張ができず引っ込み思案になっているかもしれません。あるいは、他人の失敗に対し不寛容で、相手を激しく叱責《しっせき》し非難しやすい人になっているかもしれません。

また、親や周囲の人から、

「なんてダメな子なの」

「お兄ちゃん（お姉ちゃん）はそんなことしなかったわよ」

「可愛くない」

「なぜそんなにできないの？」

「あなたを産まなければよかった」

といった言葉を日常的に浴びせられてきた方は、愛されたいがために相手に過剰に媚びるクセがつくこともあります。そういう人は大人になってからも同じ行動を取りがちです。

親から否定されたことはありませんか

こう書くと、「私はそこまでじゃない」と思われるかもしれません。ただ、「親がふと言ったことが今も引っかかっている」という方は多いのではないでしょうか。たとえば、次のような言葉です。

「こんな人とは付き合っちゃダメ」
「お父さんみたいな人はやめておきなさい」
「男の人はどうせ浮気するものだから、甲斐性だと思って諦めなさい」
「いい年になって料理もできないなんて、誰もお嫁にもらってくれないわよ」
「大して美人でもないんだから、えり好みしないの」

直接的ではなくても、親からの言葉は大きな影響を与えます。ある女性は、「あなたはお姉ちゃんに比べて手がかからなくて助かるわ」と母親から言われたことで、「私はお姉ちゃんより愛されてないんだ」という寂しさを感じたと言います。彼女は、学生時代から自暴自棄なセックスで寂しさを埋めることを覚え、現在も苦しんでいます。

サイコセラピストの西尾和美さんの著書『機能不全家族――「親」になりきれない親たち』によると、親からの愛情をきちんと受けることができなかった「機能不全」の家庭は約八割にのぼるそうです（＊7）。

そしてこれは、親との関係が良好ではなかった方だけに当てはまるのではありません。たとえば、親との関係は良好であったものの子ども時代の過酷ないじめによって自信が持てず、なるべく人と関わらないようになっているケース。初めての恋愛でパートナーからひどい扱いを受けて異性恐怖症に陥ったり、過度に相手へすがるような行動を取ることもあります。

人間関係とは、双方の行動と応答によって構築されていくものです。自尊心が低いために、いつも「下から目線」で他人に接する人は、自ずと実際の立場も下になっていきます。一方、健全な自尊心を持つ人は、相手と対等なパートナーシップを築く行動を取ることができ、必然的に、相手とは対等な関係が生まれます。

そう考えると、恋愛障害の方々はいつも不幸な人間関係を築くことになるのです。

ですから、一般の「パートナーと対等な関係を築けている（恋愛障害でない）人々が普段取っている行動パターン」を知り、自分との違いを知った上で、少しずつ変えていく必要があります。
そのプロセスをまとめると、次のような流れになります。

① **これまでの他人と接してきたパターンを把握する**
② **他人と対等なパートナーシップを築けている人の行動パターンを知る**
③ **自尊心を取り戻していきながら、徐々に②の行動を取るように努める**

本書では、そのための考え方と具体的方法をお伝えしていきます。
一章からは、あなたが感じる苦しみの原因を、一緒に解明していきましょう。

第一章――愛されたいのに愛されない不器用な女性たち

愛されない女性はパターン化できる

序章では、現在多くの若者が恋愛障害を抱えており、その要因は親や他の人から受けた「愛情パターン」にあるとお伝えしました。

本章からは実際に恋愛で苦しんでいる方の声にお応えできるよう、「愛情パターンと恋愛の関係性」について書いていきます。

もちろん、すべての人に当てはまるわけではありません。中には、「状況は私と似ているけれど、育った環境は全然別のタイプ」というケースもあるでしょう。

ただ、十人いれば十通りの、百人いれば百通りの「愛情パターン」と「恋愛」がありますが、まったく類型化できないものでもありません。苦しみは人それぞれですが、根幹にある苦しみは似ているからです。

もし読んでみて、「これって、私のことかも」「今の私の状況と似ているな」と思ったら、無自覚であっても恋愛障害の可能性があります。

本章では、恋愛障害に陥っていない人の考え方や行動もご紹介していきますが、「それができれば苦労しないよ」と思われるかもしれません。恋愛障害から脱却する方法、そして、それを支える考え方や行動については、四章以降でご説明します。まずは、恋愛障害の具体的な事例を本章でご説明します。

ケース①　いつも複数の男性と同時に付き合う

「都合のいい女」としてキープされている、不倫や貢ぐことで心を繋ぎとめている——。そのように、友人から「そんな恋愛やめなよ」と言われるような恋愛をしている、もしくは、それを承知の上で他人に言えない恋愛をしているあなたは、恋愛障害に当てはまると言えるでしょう。

女性同士の友情は「共感」と「同意」が鍵。たとえちょっとくらい相手が変なことを話していても、とりあえず同意して連帯感を持たせるのが世の常です。「そんな恋愛、やめなよ」は女子の友情ルールからすれば、攻めの一手。あなたの友人はたとえ関係にヒビが入ってもあなたを止めなくてはいけないと考えている「真の友人」である可能性が高いでしょう。

そんな友人の言葉を聞いても「別れられない」と考えたり、隠れて関係を続けたりするのは、あなたの中にある「寂しさ」のせいかもしれません。

たとえば、私が二〇一五年に取材した二〇代の女性は、常に二人以上の男性と付き合っていないと安心できないという悩みを抱えていました。一人だけと付き合って、もし捨てられたら——と考えると怖くなり、「予備の男性」がほしくなるそうです。まさに、「そんな恋愛やめなよ」と言いたくなる恋愛の典型。なぜそんな行動を取ってしまうのでしょうか。

私がこれまでの親子関係について質問してみると、彼女は、

「育ったのは普通の円満な家庭でした。でも、父は母のことが一番好きで、母も父のことが大好き。だから私は、二番目なんだっていつも思っていました」と答えました。そのような親子関係によって、自分が好きな相手は、自分のことを一番好きなのだろうか——そういう不安を常に抱えており、

「そういう家庭環境が、（いつも浮気をしていないと）安心できない気持ちにさせていることは否定できないですね」とおっしゃいます。

彼女の事例に限らず、「友達が反対したくなる」「友達が反対しそうだから話せない」恋愛をしている方は、幼少期に教わった「愛情パターン」を恋人へ反映させていることがあります。

一方、恋愛障害ではない健全な恋愛ができる人は、自分が「浮気をしないと不安になる気持ち」に気づくことができて、一度冷静になるために、彼との関係を物理的にリセットでき

ます。

ケース②　とにかく別れた男を忘れられない

「別れた彼を忘れられなくて、困っているんです」と相談してくる女性に対して、「私も昔付き合った人のことを全然忘れられないんですよ」と伝えると驚かれることがあります。

「女の恋愛は上書き保存」などと言いますが、そんなことはありません。私も過去を振り返り、当時してあげたかったことや逆に許せなかったことを忘れることができず、それをかみ締めることが恋愛なのだとさえ思っています。いまだに初恋の人の家の近くは、ばったり出会うことが怖くて歩くことすらできないほどです。

恋愛障害に苦しむ人の大きな特徴は、「あの彼しかいない」「あの彼が最高」と決めつけてしまうことです。

なぜそれが問題なのか。それは大抵の場合、彼が必要以上に美化されてしまっているからです。仮に、他の人と付き合うことになっても、「あの彼とは違う」と新しい可能性を否定してしまいます。ある意味で、亡霊に取り憑かれているようなものなのです（〝除霊〟の方法は四章以降で紹介します）。

逆に、こんな言い方も変ですが健全な失恋をしている人は、そこから学んだことをきちんと分析して、「次はこういう恋愛をしよう！」という準備ができます。自分を振り返る方法についても、四章以降でお伝えしていきます。

ケース③　恋愛したいが、異常な奥手

私のウェブサイトへ、次のような相談をいただいたことがあります。

「職場の彼を好きになってしまいました。彼は隣の部署で働いており、納会がきっかけで会話をして、それ以来片思いをして一年になります。夜遅くまで働いているので、彼女はいないと思うのですが、トイアンナさんはどう思われますか？　彼は私をどう思っているのでしょうか？　そして、これから私を好きになってもらえるでしょうか？　もうアラサーなので不安です。よろしくお願いします」

残念ですが、彼はエスパーではありません。あなたのことを「同僚だ」と認識しているかもしれませんが、最悪の場合は出会ったことすら忘れているかもしれません。一年経っても、

彼女がいるかどうか調査できていないのももったいないないですね。

「今すぐ〝競合（本命彼女）〟の有無を調べなさい。落とす戦略を立てるのはそれからだ！」

……というアドバイスになってしまいます。

このように、よく言えば「片思い癖」、厳しく言えば「察してちゃん」の恋愛パターンが身についている女性がいます。

該当する女性は、過去の恋愛で告白されたことがあってもその後の恋愛で、自ら行動に出る方法を知らないケースが多いようです。

「告白しない後悔よりも、告白する後悔」を選ぶ行動パターンもあるはずですが、「振られてしまった自分」を受け止めるキャパシティがあまり高くないとも言えます。

どうするのかは人それぞれでしょう。ただ、「告白する後悔」を選べる人は、たとえ失恋しても、そんな自分も許してあげようという「自己受容」の考えを持っているのです。

ケース④　長期間、恋愛していないため焦っている

ケース③の「恋愛をしたいと思っているけれど、過度に奥手」の女性がそのままでいると、恋愛をしなくてはという焦りが生まれてきます。

恋愛をしなくてはと焦りつつも動き出せない女性は、過去の恋愛関係で大きく躓《つまず》いた経験を持っていることが多くあります。

たとえば長く付き合っていた彼から、明確な理由を告げられることなく振られた、というように、「私は恋愛市場で価値がないんだ」と感じるに足る経験をしている場合が多いのです。

過去の経験によって、現在の「普通の恋愛」に臆するのであれば、これから健全な経験を積むことでいくらでも変わることができます。ぜひ改善策を記した四章以降もご覧ください。

ケース⑤　いつも恋愛が短期間で終わり続かない

いつも恋愛が短期間で終わり、長続きしない人に多いのが、「彼のことは変えたいけれど、自分が変わる気はない」という考え方です。

たとえば、次のような相談をいただいたことがあります。

「専門商社に勤めている彼がいるんですが、給料の上がり幅が私より少ないんです。私のほうが稼いでるのに家事も全然やらないし……。私はいずれ専業主婦になるつもりで、そのためには彼に年収をあと二〇〇万円は上げてほしい。だから彼に転職してほしいと伝えると、『そもそも結婚して仕事辞める女なんて寄生虫としか思えないんだけど。あと、今は結婚も考えられない。結婚後を見据えた転職とか、ありえない』と大喧嘩になるんです。どうしたら彼、転職してくれますかね？」

こんな風に「相手にだけ変わってほしい」という願望だけが強すぎる方には、「彼に変わってもらうために、あなたはどのように変われますか？」と聞いてみます。この問いによって、「相手に一方的に要求を突きつけていた」と実感してもらえるからです。

こういった方は、かつて自分も親から同じように「お前が悪い」と言われ続けていた、あるいは親同士の不和などで罵り合いの絶えない家庭で育った、などのケースがありえます。

もちろん子育てにおいて、全知全能の親はいません。つい子どもを厳しく叱り付けてしまい、後から「ごめんね」と子どもに謝ることで、親もまた子に育てられることは多々あります。

しかし、この相談者さんのご家庭では少しでも母親を非難しようものなら、「お母さんを否定するなんて！」とすべて撥《は》ねつけられてきたそうです。そして、自分を守るために相談者さんも、母親に反抗的な態度で接し続けてきました。そして、「会話＝自分に対する非難」という環境で育ったため、他人からの単純な要望やお願いも「自分への非難だ」と過剰反応してしまい、口論が絶えずにいました。

「お母さんが悪いなんてありえない」「悪いのは全部あなたでしょう」という母親の態度が嫌だったはずなのに、気づけば恋人へ「私は悪くない」「あなただけが変わるべき」と考え、辛辣な言動を取ってしまっているのです。

さらにお話を伺うと、「自分が譲歩するなんて、私には生きてる価値がない」「口論に負けると、自分がどんどん弱い立場に追い込まれていく」というように、自らの存在を全否定したくなると教えてくれました。今まで付き合ってきた男性とも「何か合わない」と感じる度、譲歩することなく感情的に関係を終わらせてきたのだそうです。

それに対して恋愛障害ではない人は、譲歩した上で、たとえば「部屋の掃除は私がするから、料理はお願いね」という交渉ができます。素直に交渉するためには、自分も努力する必要があることを受け入れています。

ケース⑥ 自分を殺す「尽くし系女子」

「俺はロングヘアのほうが好きだな」

「白タートルネックっていいよね」

「パンツよりもスカート派だな」

男性のこんな言葉をすべて真に受け、服装から髪型に至るまで彼の好みに合わせようとしていないでしょうか。彼の好みに合わせたいと思うこと自体は普通の範疇《はんちゅう》。しかし、「本当は別の服を着たいのに」と感じるなら、それは危険信号です。

なぜならば相手に合わせすぎるのは、「相手へ合わせないと付き合ってもらえない」と感じている場合や、「付き合うこととは相手にすべて合わせること」だと思考停止している可能性があるからです。

彼は、あなたが尽くすことで「自分好みにしてくれて嬉しい」と感じてくれるかもしれません。しかし次第にそれが当たり前だと考えるようになります。その段階であなたが、「たまには自分が好きな服を着ようかな」と考えたとしたら、彼はどう反応するでしょうか？

私の知る限り、「なんで俺が嫌いな服装でデートへ来たんだ？」と怒りを露《あら》わにするか、「そういう服装はあんまり好きじゃないなぁ」と苦言を呈するパターンが多いようです。あるいは、口に出さずとも終始不機嫌で「どうしたの？」と聞いてみたら、「いや実は今日の君の服装が……」と切り出してくるケースも。

そしてあなたは、好きな服を着ただけで平謝りすることになり、「モラハラ男子」の支配下に置かれるのです。

「モラハラ男子」には先天的な性質からそうなってしまったパターンもありますが、男を甘やかしてダメにする「尽くし系女子」の貢献によって育つ面もあります。こうした「尽くし系女子」は、モラハラ男子を育てていることを自覚しながらもやめられずに苦しんでいます。

男性の中には、相手が自分に惚《ほ》れているとわかったら気持ちが冷めるという「釣った魚に餌をやらないタイプ」がいます。あなたが相手の言うことをなんでも聞くことによって、逆に相手の気持ちが冷めてしまうこともあるのです。

それに対して恋愛障害ではない人は、相手の趣味嗜好や要求を「そういうのが好きなんだ～」と受け流すことができます。何かを強く勧められたとしても「時間があったら見るよ」「気が向いたらやってみるね」といった自然なかわし方も知っています。

ケース⑦　なぜかモラハラや束縛を受けやすい

みなさんは、男性から次のような言動を取られたことはないでしょうか？

・「普通は料理くらい作るだろう、なんでお前はできないんだ」と常識ならこうするはずだ、と貶《おとし》める

・「別れたいなら別れればいいよ。俺はお前と将来を考えるつもりはないから」と一方的に関係性を限定して、話し合おうとしない

・「愛情があるんだったら、エッチしてくれるよね？」とあなたの感情を利用して、自分の望みを一方的に叶えようとする

・「お前もセックスが好きなんだろ？　だったら感情的な付き合いをすると面倒くさいから、最初からセフレとして体の関係だけ楽しもうよ。俺も言わないから、お前も後で面倒くさいこと言いっこなしね」と後で交渉させないように、あらかじめ付き合う可能性を潰す

これらはすべて「モラハラ」です。

「モラハラ男子」は往々にして、幼少期に自身が親からモラハラを受けていたり、最初の彼女にキープされ振り回されるといった、「裏切られ体験」や「寂しさ」を持っています。そ

してあなたにも、愛されず苦しんだ経験を語ります。たとえば、「親には一度も愛されなかった。君は僕に優しくしてくれた初めての人だ」というように……。モラハラ男子が過去の経験を語るのは、本当に寂しいからだけではなく、そういう話で女性の同情心を煽ると、操縦しやすくなると無意識に知っているためです。

普通の女性はそこで、「この人、やたら辛かった過去の話をするなぁ。情緒不安定なのかな……」とセンサーが働き、こういう男性を敬遠することができます。

しかし恋愛障害の方は同じように「愛されたい」渇望を抱えており、相手の「愛情パターン」に共感できてしまうのです。

「この人は辛い思いをしてきたんだ。私と同じように愛されたかったんだ。かわいそう……」という発想をしてしまうのです。そして理解できるからこそ、「彼を救ってあげなくては」と同情し、助けようとします。

モラハラ男子には、あなたを大切にする余裕はありませんから、自分が今まで受けてきた「愛情パターン」を、あなたへ向けてしまいます。モラハラを受けた記憶を、あなたへのモラハラで返してしまうのです。

また、モラハラ男子の中には、過去に両親から甘やかされてきた人もいます。過保護な環境で育つのは、ネグレクト（育児放棄）を受けるのと同じくらい、自立心を無視されることでもあります。すべての望みを親に叶えてもらうことで、自分の頭で考え、判断や決断する機会を奪われてきたからです。したがって、あなたの気持ちを察するまで、大きな努力を要します。彼は好き勝手に振る舞うことが当たり前だとも感じています。

一方、恋愛障害でない人は「モラハラ男子」に早い段階で気づくことができます。たとえば、私の料理を取り分けてくれなかった、イライラしている時に私への気遣いを忘れて壁に八つ当たりしていた、店員へ横柄な態度を取った、賠償目当てでクレームをつけていたなどの言動だけでも、「モラハラ男子」の臭いをかぎとることができるのです。

このように、「危ない人を事前に避ける能力」の身につけ方も、四章以降でご案内していきます。

ケース⑧　好きになる相手がいつもDV男

ここまで「ダメな相手だとわかっていても別れられない」パターンをご紹介しましたが、DVの被害に遭《あ》うのはもっと危険度が高い「自分の命を脅かす相手から逃げられない」ケースです。特に「幸せセンサー」に敏感すぎる女性が陥りやすい傾向があります。

たとえば普通の女性であっても、誕生日や記念日のサプライズプレゼントを貰い、彼の両親に結婚前提の彼女として紹介されたら喜びを感じることでしょう。

しかし、「幸せセンサー」が敏感な女性は、「今日会ってくれた」「ＬＩＮＥに返信してくれた」といったささいなことに、喜びと幸せを感じてしまうのです。人から大切にしてもらった経験が著しく不足しているのです。

小さな幸せを感じるのはいいことでもあるのですが、一方で「普通の女性の幸せは、私には無理」というように自身を矮小化《わいしょうか》することにも繋がります。そのため相手へ、「普通の愛し方」を要求することができません。

「毎日連絡してほしいなんて言って、捨てられたらどうしよう」「今日は体調が悪いから会えないなんて伝えたら、二度と会ってもらえないんじゃないか」。このような考え方をする女性は、クズ男の格好の餌食になります。

ただしこういう女性に群がるクズ男もまた、これまでの人生で女性に傷つけられたと感じています。だからこそ「自分が何をしても裏切らない、ありのままを愛してくれる女性がほしい」という歪んだ愛情パターンを女性に押し付けるのです。

「何をしても許される無償の愛」を確認したくて、あなたを殴る／蹴るなどして「愛情確認」をする場合もあります。また、「俺は付き合いたくなかったけど、お前が好きになったから付き合ってやってるんだ。だから俺の言うことを聞いて当然だろ」と思うこともあるようです。殴る／蹴るなどの暴力を受けても、自分を見捨てず、すがってくる女性に深い愛を感じ、大きな安心感と満足感を得ます。

暴力の後、不安が解消された男性は、心からあなたに謝罪してきます。謝罪された女性も、「彼はきっと変わってくれる。過去の呪縛に苦しんでいるだけなんだ。私が助けてあげなくては」という心境になってしまいます。しかしクズ男は、時間が経つとまたよるべない不安に襲われ、「殴って試さないと、捨てられてしまいそうで不安だ」と暴力を重ねていきます。

こうして殴られ、謝罪され、許し……というサイクルを繰り返しながら、心はどんどん消耗していきます。

＊

そんな女性たちの姿を描いた『だめんず・うぉ〜か〜』という倉田真由美さんの人気漫画があります。だめんず・うぉ〜か〜とは、ダメ男ばかりを渡り歩く女性を指す倉田さんの造語。

このタイトルからは「女性の側がダメ男を好んで選んでいる」といった想像をしてしまい

がちですが、すべてのだめんず・うぉ〜か〜が、無類のダメ男好きだというわけではありません。

というのも、ダメ男は御《ぎょ》しやすい女性を狙っているからです。

社交性があるダメ男は女性とフランクに付き合うことができます。自分が健全な女性には相手にされないと知っていますから、ダメな自分を受け入れてくれそうな女性を狙って近づいていくのです。

恋愛障害の女性は男性からの押しに弱い反面、自分からのアプローチを苦手とする傾向があります。そのため、男性から声をかけられ恋愛がスタートすることが多くなります。しかし誠実な男性には「草食系」も多く、積極的に女性へ声をかけることはありません。そして必然的に、恋愛障害の女性にアプローチしてくる男性はダメ男ばかりになっていくのです。

これまでの恋愛経験から、自分をだめんず・うぉ〜か〜だと思っている、あるいは周囲からそう思い込まされている女性読者の方に申し上げたいことがあります。

あなたはダメ男が好きなんだと自分を責める必要はありません。あなたの言動と雰囲気が、誠実な男性を遠のけ、ダメ男を引き寄せているだけで、いくらでもこれから変えられるのです。

健全な恋愛をしてきた女性は、ＤＶ男を察知する能力を持っています。

「私の手を引っ張って歩き始めた。いきなり触られて不快なんですけど」

「お前のことはわかってるよ、いろいろ大変なんだろう？　といきなり同情された。何様だよ！」

と、日常のささいな行動でもＤＶの臭いをかぎとります。

ケース⑨　不倫やセフレも恋愛だと思っている

恋愛経験のほとんどが不倫に占められているか、誰かのセカンドでいる女性は、二〇代の早い時期から、「口説いてくる男は既婚者ばかり。きっと私には普通の恋愛ができないんだ」と思い込んでいることがあります。

しかし、真実は逆です。

そのような女性は、不倫していることや都合のいい女にされていることを日ごろからオープンにしていて、男女問わず、いろんな人へ相談する傾向にあります。

あなたの相談を受けた健全な男性は、「不倫するような子はちょっと……」と考え、恋愛対象から外していきます。

そして、「あなたが誰かのセカンドでも気にしない人」つまり既婚者だけがあなたを口説いてきます。本命の彼がいるなら、あなたとの将来に責任を取らなくていいと考えるのです。その結果、「私を口説きにくる男性は既婚者ばかりだ現象」が発生します。

といっても、すべての「不倫女子」「セカンド女子」がこうではありません。不倫やセフレを踏み台にして男心を学び、さらにステキな本命男性を手に入れる女性もいます。

しかし、最初から不倫にどっぷり依存してしまう女性もいるのです。

そんな「不倫女子」の言葉に耳を傾けてみましょう。

＊

サキさん（仮名）は、ある化粧品ブランドの美容部員。二〇歳のころから現在まで約五年間、文壇のとある有名人と不倫関係を続けています。サキさんは、「不倫を始める女性が、まともな精神状態であるわけがない」と、自分を断罪するように言い切ります――。

――現在の関係には満足していますか？

サキ　していません。ちょうど一週間前に喧嘩したから。もう私が完全に冷めてる状態。向こうから連絡が来ても「疲れてるからほっといて」って伝えてる。

この前、私の誕生日のお祝いをした時、二人でまったりしていてふと、「私の魅力ってなんなの？」って聞いたんです。彼は「サキといると落ち着くかな」と言った。

それはいいんだけど、その後に「昔はセックスしても気持ちよくなかった」って言い始めて……。そんなこと言われたらキレるでしょ？　彼としては、「昔と比べて成長した」みたいな意味合いだったんだろうけど、いきなり今言われても……。

——それはひどい。

サキ　うん。「昔は体調が悪そうだったけど、今は良さそうだし、最近のサキはいいね」って彼は言うんだけど、私は今もそんなに体調は良くないの。ただ彼が「健康的な子が好き」って言うから無理してただけ。そんなことがあって、急に（彼への気持ちが）冷めちゃった。

その後、彼から「もうしっかりした恋愛をするべき時期じゃないかな。俺も中途半端な状態は苦しい」というＬＩＮＥが来ました。

——別れを促しているんですね。今まで別れようという話になったことはありますか？

サキ　あるけど、いざ別れようって私が動き出すと、「サキが別れたいなら俺はいいけど、お互いいい大人なんだし、喧嘩別れはどうかな」って言い出す。「俺は冷静だよ。お前だよ、感情的で未熟なのは」っていう態度を取る。

だから今までは別れられなかった。心の支えみたいなところもあったから、彼がいなくなることに不安があった。記憶にないんだけど、私が荒れてたころ、彼に「死ね！」とか暴言を吐いたこともあるらしいのね。泣きながら彼を殴ったり……。

私は一人で立っていられない状態だったし、彼以上に私の気持ちをカバーできる人がいなかったから、他の男じゃ無理だった。

サキさんの場合は、不倫していることよりも、不安定な気持ちをすべてぶつけてしまいたい、自分の悪い部分も含めてすべて相手に受け入れてほしい、という心の開き方に恋愛障害の核心がありそうです。

長期間不倫を続ける女性は、「無償の愛」をパートナーへ求める傾向があります。その裏には、不倫相手に親子関係のやり直しを求めていることが多いようです。本当はもっと親から愛されたかった、無償の愛がほしかったという「愛情パターン」を擬似的に埋めるには、既婚者は絶好の相手。

なぜなら既婚者は、結婚できない罪悪感と引き換えに、うんと甘やかしてくれるからです。男性側からしても、奥さんとうまくいっていない、奥さんへの気持ちが冷めてしまった寂しさを埋めてもらえるだけでなく、「頑張ったね」「そういう真面目なところ、僕は見ているよ」と呟くだけで若い体を提供してくれるという意味でも、不倫相手の女性は「かけがえのない存在」です。

普通の男性であれば、過剰な庇護《ひご》を求められても応えきれず、あなたから離れていってしまうので不倫しがちな女性との恋愛は長続きしません。

これが、「不倫女子」と「既婚者」の関係を支える構造です。

サキさんには、不倫の経緯についても質問してみました。

――不倫のきっかけを教えてください。

サキ　知り合った直後に震災（東日本大震災）があったの。私の家もすごく揺れて、その時に連絡したら、彼がすぐ返事くれたのね。余震がずっと続いて、私が情緒不安定になった時も、彼は「大丈夫か？　今日ご飯食べたか？」って毎日マメに連絡してくれた。その前も食事に行く間柄だったけど、震災以降「頼る」ようになった。

――震災が不倫の根本的な原因なんですか？

サキ　そうじゃないと思う。私、今まで浮気されたことはないんだけど、いつもどこかで

「いつか捨てられるんじゃないか」「浮気されるんじゃないか」っていう恐怖心が捨てられない。それは、幼少期に問題があったのかもしれない。

私は幼いころ、一週間丸々埋まるくらい習い事をやっていたのね。他の子は、お母さんが一緒に習い事を見ていたり、終わったらすぐ迎えに来てくれていたのに、うちはいつも最後だった。習い事が終わってから一時間くらい待たされたり、親の代わりにお手伝いさんが来ることもあった。先生が送ってくれたこともあるよ。だからいつも「取り残される感覚」があったし、「今日は迎えに来てくれるのかな」って不安もあった。そのあたりに理由があるのかも……。

彼と会うと、不安が消える感じがある。唯一安心できて、甘えられる人。前に同世代の彼氏がいたこともあるけど、自分の核心は見せる気になれなかった。

サキさんが記憶しているような幼少期の「寂しさ」は、当事者にとっては一大事です。この「寂しさ」がやっかいで、サキさんにとっての震災のように、大人になってからフラッシュバックすることがあります。

そして、その寂しさを埋めてくれる相手こそが、年上の既婚者だったのです。

同年代の男性は、親のような愛情を注ぐ力はありません。既婚者はあなたを対等な女性とは見ていませんから、ペットに餌を与えるように、かりそめの愛情で満たしてくれます。しかし、残念ながら、あなたが完全に癒されるまでは待ってくれません。彼らはあなたの若い体を存分に楽しんでから、無責任にポイ捨てします。

彼らにとって「かけがえのない相手」とは、若くて簡単に体を提供してくれる女性です。そしてあなたは無償の愛を求めて、次の既婚者へ恋をします。

ケース⑩　「愛情＝貢ぐ」という発想しかない

尽くすパターンのひとつに、「貢ぐ」というものもあります。貢ぐというと、何かを渋々買ってあげるイメージがあるかもしれませんが、男性が要求もしていないのに勝手に何かをプレゼントする女性もいます。

そんな「貢ぎ系女子」の一人、鶉《うずら》まどかさんにお話を伺いました。

まどかさんはかつて「サークルクラッシャー」でした。サークルクラッシャーとは、男性が多いアニメサークルなどであえて気を引くような行動をし、男性部員同士が奪い合う構造を作る女性のことを指します。

ある意味で「男性の心を操る」ことに長《た》けていた彼女ですが、ある男性と恋に落ちてから一転、総額一五〇万円を一方的に貢ぐ女性に豹変しました。一連の経験をブログ『あの子のことも嫌いです』に記したことをきっかけに、彼女は一躍人気ブロガーとなりました。

――一五〇万円貢いだ男性を好きになったきっかけは？

鶉　最初は、会社の友達経由でご飯を食べることになったんです。当時、私は絵を描くのにハマってて、油絵教室に通い始めてたんですね。そんな時、「なんかめっちゃ絵が上手い男子がいるらしいよ」って紹介されたのが彼だったんです。

彼から iPhone で描いた作品を見せてもらってたんですけど、本当に「すごい！」と思って。後から聞いたんですが、美大生でもないのに賞をもらったこともあったんです。少し変わってる子だったけど、本人は全然ひけらかすわけでもないから、嫌われることもなく「不思議ちゃん」って感じでみんなに受け入れられていました。たまに告白もされていて、普通にモテる子だったんですよ。

ある日、友達とみんなで飲みに行く予定だったんですが、私と彼以外誰も来られなくなっちゃったことがあったんです。で、「じゃあ二人で飲むか！」と。私はサークルクラッシャーをしていたから男の子を気分よくさせることには慣れていた。たとえば、自分は強いお酒を飲まないとか、男の子の話を聞いて「すごいね！」って言ってあげるとか。

でも、彼は無反応だったんですよ。で、私を無視してスマホいじってる。「彼女と連絡取ってるの？」って聞いたら、「そうだよ」って。彼女の写真を見せてもらったら、私と違ってぽっちゃり系でした。

私のことタイプじゃないのかなと思って、だったら私は一方的に盛り上がろうと、自分の好きなことだけ話したんですね。その後、数カ月ぶりに彼に会ったら、彼女と別れていたんです。それからまたデートするようになって、結局私から「付き合うか付き合わないか選んで！」と言いました。彼は「このままじゃダメかな？」って言ったんですけど、ゴリ押しで付き合ってもらうことになりました。

――そこから一方的に貢ぐ関係になった？

鶉　さっき言ったように彼はモテたので、結構可愛い子からも言い寄られていました。彼は私に「好き」とも「可愛い」とも言わないし、友達だったころと同じように自由に過ごしていた。そんな時、彼が時計にハマったんです。それも普通の時計じゃなくて、セイコーのクレドールというブランドのヴィンテージもの。

もう生産されていないから、時計屋に在庫がないか、かたっぱしから電話していました。その時計を探している間、彼は一切連絡をくれなくなったんです。彼と連絡を取るために、私も時計を探すようになりました。「私も電話かけるの手伝うよ」って言って。でも結局、彼が探していた時計は見つからなかったんです。

彼はすごく落ち込んで、また連絡してくれなくなった。で、またなんとかしなきゃって思っていたら、探していた時計そのものではなかったけど、同じシリーズのものが見つかったんです。

「私が買うよ」って言いました。朝から大塚のファミリーマートのATMで、三〇万引き出した。彼は「そっちが払いたいって言ったんでしょ」ってお礼も言ってくれなかったけど、もう彼とはそれでしか繋がれなくなっていた。

――その他に貢いだものは？

鶉　そこから彼はマウンテンバイクとか、ファッションとかいろんな趣味に走ったんです。服も数万円単位の結構高いものを着るようになったし。私、すごく一生懸命に彼の趣味を勉強したんですよ。「勉強」している時点でおかしいんですけど……。でも、彼は褒めてくれず、ブランド名とか間違っていると貶《けな》されるだけ。それでさらに勉強して、彼が気に入ったものを買ってというサイクルで……。最終的にはお金でしか繋がれなくなってしまったんです。

当時一五〇〇万円くらい貯金があったんですけど、全部なくなりました。その時「もう何もあげられない。喋るための手段がなくなった。これで終わりだ」と思いました。それで彼に「もうお金がないから、一緒にお買い物できない」って言ったんです。すると彼は「そんなことしてくれなくてよかったのに」って！

——どうしてお金がないと繋がれないと鶉さんは思ったんでしょうか。

鶉　結局、私の恋愛のポイントは、「相手にどれだけ嫌われないか」だったんですよ。彼が時計に熱中した時も、「そんなに時計のことばっかり考えているんだったらもう知らない！」って怒ってもよかったはずなのに、「自分は愛されない」と思ってるからできなかった。

——なるほど。

鶉　私の母親は厳しい人で、テストで百点を取ってるのに、「次も絶対百点取りなさいよ」って怒るタイプだったんです。当時は、学校から帰ると一日五時間勉強させられてたんで成績はよかったんですけど……。

そういえば、小学校五年生の時、テスト中に気分が悪くなって途中退室したことがあったんです。最後まで答えが書けなかったので八五点だったんですが、私は「こんな点数取っちゃってどうしよう！」って泣いちゃったんです。八五点も取ってるのに……。

「母親から怒られる」ってプレッシャーで勉強していると、当たり前ですけどどんどん辛くなっていくんです。「褒められるためにはどうすればいいだろう」ということばかり考えるようになる。そして、「褒められる行動をしないと、いい子ねと言ってもらえない」という思考になる。

恋愛も同じで、相手の望むことをしてあげるということを繰り返すうちに、「貢ぐ恋愛」になっていった気がします。

貢ぐ女性は、「相手へ特別な価値を提供できないなら、私には価値がない」という思考回路を持ちます。「誰かに勉強を教えてあげる」「誰かにお菓子を奢《おご》ってあげる」というように、誰かに何か価値あるものを提供しないと構ってもらえなかった過去があるからです。

恋愛において、自分を正当化したいと考えた時、貢ぐことは逃げ道になります。手料理や気遣いと違って、役に立っていることをお金という「数字」で確認できるからです。

しかし、貢げば貢ぐほど、「ありのままを愛してくれる、健全な男性」は自信のなさを見抜いてあなたの元を去っていきます。「愛情を渇望されるだけで、対等な関係を作るつもりがない」とわかるからです。

ケース⑪　いつも遊ばれて終わる

恋愛障害には「いつも遊ばれて終わる女性」というパターンもあります。

新しい取引先で、大規模な飲み会で、友達の紹介で——「運命の人」と情熱的な夜を過ごしたと思いきや、そのまま相手はフェードアウト。

「彼は遊びだったの?」「何がいけなかったんだろう?」と自分を責めても、解決策は浮かばないままです。

このような女性は、「脈アリの男性とすぐ付き合う」「共通の知人が多いコミュニティ内でもすぐにセックスしてしまう」のが特徴です。

「あの女、すぐにやれるよな(笑)」と男友達の飲み会の肴《さかな》になり、噂が広まることで、同じコミュニティで本命扱いしてくれる男性はいなくなります。

このパターンの女性は、男性がどれほど身勝手に体を求めてくるのか知りません。二〇代後半で、現在事務職として勤務する女性のエピソードをご紹介します。

「幼いころ、家で性的な話題は一切タブーでした。ドラマでそれっぽいシーンになると、テレビを消されるくらい。私が小学校のころ、『りぼん』でエッチまで描いた話が出たんですね。それまではキス止まりだったんです。それを読んでいたのを母親に見つかって、心の底から蔑《さげす》む視線を向けられて……。でも私は結構エッチなことに興味があったんです。男女共学だったし、男の子も身近にたくさんいた。中学校の時、先輩と学校の裏手の雑木林でそういうこと（体の関係）になって。付き合えるのかなって思ったら、携帯を着信拒否されて、こんなことあるんだと」

しかし彼女はその先輩を責めることはありませんでした。それどころか、男性から次々と告白されるようになり、「私はモテる」と思っていたそうです。「変な噂が流れてるよ」と友達が教えてくれるまでは。

「そういう悪意のある噂を流す人がいるなんて」と、当時の傷つきを教えてくれた彼女。しかし付き合う気はなく、体だけを求める男性の存在を「どうしても信じられなかった」とも語ります。

彼女はその後も同じように誘われては体の関係を持つことを繰り返し、現在に至ります。

恋愛障害でない人は、自分の傷をきちんと認識できます。自分が単なるセフレとして扱われた事実に怒り、場合によっては公の場で先輩を問い詰めたかもしれません。友達に相談することで、先輩こそが悪人として、校内を二度と歩けないような立場になったかもしれませんん（ちなみに、正式に付き合うことなく女性と遊ぶだけの男子の生態／手口は、二章で詳しく暴くことにします）。

ケース⑫　セックス依存症

私は本当の意味で「セックス依存症」の女性はあまりいないと考えています。

以前、総合職として活躍するアラサーの女性から、体の関係がないと不安で仕方がないという相談を受けたことがあります。詳しくお話を伺うと、実はセックスより「一人でいること」に対する恐怖が大きいとわかりました。

一人で過ごす夜が耐えられなくてキッチンにある冷蔵庫にしがみつき、動作音で心を慰める。それでも耐えられないと、フラリと繁華街へ出て、ゆきずりのセックスを繰り返す。

彼女は、強烈な寂しさを抱えており、誰かから強い刺激を与えられていないと生きている実感すら湧かない、寂しくなるほど性欲も強くなるとも話してくれました。その後、自分の体を針で刺す自傷行為によって「生きている実感」を得ようとしましたが、最終的に、特定のパートナーができたことで落ち着いたそうです。

セックス依存症の方は、親の愛情不足や性暴力の被害経験などの、はっきりとした原因を持っています。セックスは寂しさから逃れる手段だと認識していながら、やめることができない。これもひとつの恋愛障害のパターンです。

ケース⑬　結婚するかどうか、結論を先送りする

「世間体とのバランスが取りづらい」のも、自尊心が低く、恋愛障害に苦しむ女性の特徴です。たとえば文系大学院の学者志望の男性と、一〇年近く付き合っていた出版社勤務の女性。

いつか芽が出ると思っていたものの、大学でポストを得るにはコネも必要だと知ります。当初は彼の仕事なんて関係ないと思っていた彼女ですが、アラサーになり「結婚するのに非正規の男性はちょっと……」と不安を感じ始めたそうです。ただ一方で、別れることを考えると、「彼以上に好きになれる男性はいない」と二の足を踏みます。世間体と自分の感情の狭間で揺れ動いている状況です。

このような場合、恋愛障害の女性は、「悩み続けるが、回答は出さない」ことを選びます。悩んでいるふりだけして結論を出さずに済ませようとするのです。

結論を先送りしても「彼に学者を続けながら、起業してもらう」「いっそ自分が大黒柱になるために資格を取る」といったリスクヘッジをしづらくなるだけです。何もしなければ、問題の利息は増えていってしまいます。

こういった場面で健全な恋愛をする女性は「第三の選択肢」を探すでしょう。たとえば、「彼以上に好きになれる男性は本当に現れないのか」「学者をしながら就業することはできないか」「大学での正規ポストを目指す期限を話し合えないか」といったことです。

今の彼と付き合い続けられるのか、それとも別れるのか。健全な恋愛をする女性であっても、未来の恋愛は定まっていません。ただし「先送りする」より「決める」ことを選択して、双方が幸せになる道を模索できるのです。

ケース⑭　別れた男がストーカー化する

どうしてもストーカーに遭いやすいという女性が、一定の割合でいます。私がこれまでお話を伺ったストーカー被害経験のある女性の共通点は、「拒絶が苦手な人」でした。

私の知り合いで、度重なるストーカーの被害に遭い、警察へ何度も相談している人がいます。彼女は、メールやＬＩＮＥで来た連絡にはすべて「返事をしなくては」と感じるそうです。それだけならまだしも、好きでもない人へ「誕生日だから何かプレゼントしなくちゃ」「飲み会では彼の好きな料理を選ばなくちゃ」という使命感を持ってしまう人もいるのです。

また、ストーカー被害経験者には、幼少期、拒絶されることを恐れていた方もいます。「転校が多くて、いつも新しい人と仲良くしなくちゃいけなかった」「いじめのターゲットになりたくないから、クラスで浮かないよう努力していた」というようにです。

ストーカーになる男性は、深い愛情を得た経験が少なすぎるため、わずかな反応であってもそれを「愛情」だと捉えます。「もう会いたくない」「着信拒否します」といった拒絶を専門用語で「マイナスのストローク」と呼びます。簡単に言い換えれば拒絶のサインです。ストーカーは、このマイナスのストロークすら「いい反応があった」「本当は好きなんだろう」と勘違いし、喜ぶ特徴があります。

健全な方であれば、自分へ危害を与えそうな男性は、関係の序盤で拒絶できるでしょう。ご飯に誘われても「忙しいから」と断ったり、プレゼントを渡されても受け取りを拒否できるはずです。最初の小さな「拒絶」が、後のトラブルを防ぐのだと知っているからです。

作られた理想に騙されるな

本章では、さまざまな恋愛障害を抱える女性たちを取り上げてきました。

幼少期にありのままの自分を愛された経験があり、自尊心を育まれた女性は、恋愛障害に陥りにくいのです。

では、「きちんと育まれた自尊心」とはどういうことでしょうか。簡単に言うと、「どんなことがあっても、私は私のことが大好き」と思えることです。誰かに愛されなくても、仕事がうまくいかなくても、家庭が円満でなくても、「仕方ない」「そんなこともある」と自分を受け止められる。そして、自分の寂しさに打ち勝てる——。

「私のことが大好き」と思えない恋愛障害の女性は、たとえ自分を丸ごと愛してくれる男性に出会っても、「恋も仕事も両立できる女性でいなくては」「早く子どもを産まなくては」と、自ら作り上げた理想に引っ張られ、苦しみます。

世間体や男性のイメージに適わなければ自分を愛することができず、人を愛することもできない。

——これが恋愛障害の正体です。

恋愛障害の女性が、普通の「自分を愛せる男性」と出会った場合、男性は「うまく言葉にできないけど、何か合わない」「何か愛情が歪んでいる」と感じて去っていってしまいます。「愛されたい」ならば自尊心を育て、時々襲ってくる寂しさに打ち勝ち、いい人に出会えるまで待つことができる辛抱強さも持たなくてはいけません。

二章と三章では、恋愛障害に苦しむ男性の生態について書いています。女性の方も、別の立場から見た恋愛障害を知るための手がかりとして読んでみてください。

「あー、だから私こういう男にハマってたんだ」「私が付き合ってきたのってこういう男ばっかりだ」と客観的に振り返ることは大切ですし、彼らの持つ寂しさに、共感することもあるはずです。

第二章
女性を消費する「加害男子」に気をつけて！

女性を傷つける男性は二種類いる

これまで、恋愛障害に苦しむ女性の実態について書いてきました。本章では女性を傷つけながら、自らも苦しんでいる男性についてご説明します。

女性を傷つける男性は、大きく二つのタイプに分かれています。

① 女性を積極的に傷つける「加害男子」

② 女性へ自分勝手なイメージを押し付けることで、無意識のうちに女性を傷つけてしまう「妄想男子」

女性を積極的に傷つける「加害男子」とは、経験人数獲得のために女性をポイ捨てする、同時に何人もの女性を本命扱いして全員を振り回す、世間体の名の下に女性を傷つけるなど、自分のために女性を「消費」するタイプです。

一方、「妄想男子」とは、自分本位の偏った女性像を押し付け、女性はクズだと切り捨てたり、女性を避けたりして逆に傷つけるタイプのことです。

二章では加害男子を、三章では妄想男子を解説していきます。この二者の共通点は、誰も望まないのに女性を傷つける行動を取ってしまい、男性自身も苦しんでいるという点です。

恋愛障害に苦しむ男性の話を聞いていると、「自分が傷つきたくないあまり、女性を傷つけている。気づいたらこうなってしまった。どうすれば抜け出せるかもわからない」と、女性以上に苦しんでいることもあります。

また、寂しさを埋めるために取る行動が、「暴力を振るう」「ナンパで女性を食い物にする」といった女性を傷つける形で表出するため、誰も擁護してくれず、一人苦しむ傾向にあります。

この章を男性には、「自分も辛さを味わっている」と再確認するために利用していただければと思います。一方的にあなたを断罪する章ではないので、安心して読み進めてください。

また、女性には、「私の彼、これに当てはまる！」と自分が好きになる男性のパターンを見出すために使ってもらえれば幸いです。

その上で、男女問わず自分の「愛情パターン」から抜け出す方法については、四章以降で詳しくご案内します。

なぜわかっていても傷つけようとするのか

では、「女性を自分のために消費する」加害男子とは、どのような人間なのでしょうか。

加害男子はたとえば、付き合うつもりだと勘違いさせてセフレとしてキープしたり、暴力によって自分の不安を解消したり、女性をヤリ捨てることで充足感を得ようとします。

彼らは、それを悪いと感じるかどうかはともかく、「女性が傷ついていること」は理解しています。ではどうして、相手が傷ついているにもかかわらず加害行動を続けてしまうのか。

大まかには、こういった背景があります。

① 女性から傷つけられた過去があり、現状を正当な復讐だと考えている

② 男性社会で認められたい欲求が強く、「女性をぞんざいに扱えるほどモテる俺」像を必要としている

③ 女性に「誰のお陰で生活できているんだ」などとモラハラ的な発言をして、「そんな自分さえ受け入れてくれる」と思うことで、自尊心を保っている

④ 幼少期に自尊心が育たず、寂しさを埋める対象として女性を求めてしまう

この章では特に男性が陥りがちな苦しみのパターンを解明いたします。

男性の方で、もしこの本を読んでいて辛くなったら、本を閉じて休憩してください。私の経験では、男性のほうが「自分は傷ついてなんかいない」と強がる傾向にあります。ページをめくりながら笑えなくなってきたら、一度コーヒーブレイクを取りましょう。

ケース①　女性をもてあそびポイ捨てする男

「女性をもてあそぶ男たち」はよく、恋をしたての女性や婚約中の女性は口説きやすいと言います。心が揺れ動いている時期に慰みを与えることで、すぐ信用してもらえるからです。

世の中にはこういう女性を狙って一晩だけもてあそび、その後ポイ捨てする「女性をもてあそぶ男」の典型となる男性がいます。

実際にそういう遊び方をしているある男性は、「二七歳の女は理想的」だと言っていました。理由は三十路《みそじ》を前に結婚を控えている、婚約中の女性が多いこと。加えて「今の彼とは結婚できない」と別れを決断するのもまた二七歳前後です。

「こういう年ごろの子には、時間をかけて悩みを聞いてあげるフェーズが必要で、即狙い

（出会ったその日に体の関係を持つこと。ナンパ用語のひとつ）はしない」と言います。逆にクラブにいる二〇代前半のような「ワンナイトチャンスが想定できる子」の場合は即狙いをする。

彼は街コン、異業種交流会、相席居酒屋など、二〇代女性の集まる「話しかけても確実にシカトされない場所」へ出向きます。そこで、「初めて来たような、場慣れしていない女性」を狙って声をかけます。こういった場所へ初めて来る女性はナンパ耐性がなく、日常に変化を求めている可能性が高いからです。

彼は仕事や普段の生活の愚痴を通じて彼氏の話を引っ張り出し、婚約中、もしくは別れてすぐの女性と見るや、「彼は素晴らしい人だよね」「そういう男性、僕も同性として尊敬する」と相手を褒めることで信頼を得ます。さらに「もし俺と先に出会ってたら、彼氏と俺、どっちを選んだの？」「何かあったら、全部俺のせいってことでいいから」「結婚してからは関係は持てなくなるんだから、今がチャンスじゃない？」と誘っていきます。

女性目線に立つと、そうして声をかけてくる男性も普通の「次の彼氏候補」に見えているのですが、男性から見れば、「カモがネギ背負ってやって来た」状態。数回の肉体関係を経た後、誠実な付き合いを求める手前の段階で連絡が途切れるでしょう。

こういう男性に対し、健全な女性は、怪しい出会いそのものを拒否します。「街コン？異業種交流会？　なんか危なそう……」という防御センサーがまず働くでしょう。仮に会へ参加するとなっても、信頼できる友人を連れて行くはずです。健全な恋愛ができる女性は、「言い寄られる前のバリア」を用意することで、怪しい男性の声かけそのものを遮断してしまうのです。

ケース②　セフレは作るが本命は作らない

複数の女性をセフレにしておきながら、本命彼女を作らない男性がいます。「女性から愛されたいし、セックスもしたい。けど責任は取りたくない」という人です。ライターのぱぷりこ氏はこういう男性を「牧場経営者」と名付けました。

「牧場経営者」だと発覚するのは、女性から「私とあなたって、付き合ってるのかな」という愚痴が漏れた時です。

牧場経営者はとにかく連絡がマメです。女性がＳＮＳで「何か疲れちゃった」「私、もう無理かも」と呟いたら、五分以内には電話をかけてくれます。なんなら片道一時間もかけて会いに来てくれます。本命彼女じゃなかったら、そこまでしないだろうというところへ、驚異的なマメさで踏み込んでくるため、「彼と私はきっと付き合ってる」と女性が思い込んでしまうのです。

しかし実際に告白されることはありません。不安に思った女性が、「私たち、付き合ってるよね？」と確認すると、いきなりメッセージを既読スルー。待てど暮らせど返事がなく、女性がもう付き合ってないものと諦めようとした二週間後、突然連絡が来ます。

「最近寒いから、風邪引いてないかなと思って。今から温かいもの食べに行かない？」

女性は思いやりのある発言を受け、「自分は彼女なのか問題」を水に流します。こうしてグレーな関係へ複数の女性を巻き込み、結局誰も本命にしない牧場経営者が誕生するのです。

牧場経営ができる男性は、基本的に「自分はそこそこモテる」と思っています。いつか結婚はしたいけれど、する相手は選べるという心理状態にあり、それまでは誰とも責任を取らないでいたいと考えます。

該当する方の恋愛歴を聞いてみると、「狙った女性を落とせなかったことがない」と言うのが共通項です。恋愛がうまくいきすぎる経験も、時として「愛情パターン」の歪みを形成することがあるのです。

こういった男性は、結婚後も他の女性との浮気をやめられず、訴訟という最大の修羅場を経験するか、結婚詐欺などで刑事告訴されるため、恋愛障害の中でも代償が大きくなりがちです。

こういう異性と知り合った恋愛障害に陥っていない女性は、「付き合ってくれないなら、関係は持たない」ときっぱり宣言します。さらに付き合ってからも、親に会わせたり、共通の友人に彼の恋愛観を聞いてもらうなど、牧場経営者が最も嫌いそうなことをします。万が一騙されて「本命彼女」だと信じてしまっても、すぐに気づいて連絡を絶つことができるのです。

ケース③　罪悪感を抱かせてコントロールする「モラハラ男子」

「モラハラ男子」は、恋愛関係において「お前が悪い」というメッセージを与え続けることで、女性をコントロールします。自尊心が低い女性は、親から「お母さんから信頼を勝ち取るために努力しなさい」と一方的に関係構築の責任を背負わされてきたケースが多く、モラハラ男子の発言にも納得してしまいやすいのです。

たとえばこういった発言や行動の経験はないでしょうか。

【モラハラ男子にありがちな発言】

- 「本当は浮気していなくても、浮気を疑わせたお前にも責任がある」
- 「別れたい？　俺はいいけど、いきなり言い出すなんて大人としてどうかと思うよ？」
- 「お前を大事にしてやっているのに、なんでそんなワガママ言うわけ？」
- 「俺の発言が、お前のためだってわかってるよね？」
- 「信頼を損ねる行動をしたのはお前だよな？　どうやったら俺にもう一度信頼してもらえるか自分で考えろよ」

【モラハラ男子にありがちな行動】

- 彼女が他の男性と仲良くしていたら、すねて口をきかない
- 彼女がイラッとくる発言をしたら、デートの途中でも帰る（帰ろうとする）
- 家事が行き届いていないと、怒りを露わにする
- 他の人と連絡を取っていただけで、あなたの携帯電話を奪ったり番号を消そうとする
- 理想の女性像を引き合いに出し、比較してあなたを貶す

一章の「ライフスタイルを極限まで相手に合わせる女性」や「彼からモラハラや束縛を受けやすい女性」は、このような発言や行動に翻弄《ほんろう》された経験をお持ちかと思います。

ただし私はモラハラ男子に、「女性の敵！　悪いやつ！」と言いたいのではありません。「彼こそが彼女に見捨てられないか不安に思っている」ことに気づいてもらうのが本論の主旨です。

インタビューをしていると、モラハラ男子は被害者の女性よりも大きな不安を抱いているように思えます。女性を貶めて、「私が悪かった。ごめんなさい、見捨てないで」とすがられることで、自分を確かめているのです。本当は謝まられるより、弱い彼ごと認め、受け入れてほしいのに……。

この不安の背景をヒアリングで探ると、これまた親子関係の不和が見られることが多くあります。

たとえばあなたが、幼少期から「お前はダメな子だ、どうして俺に似ないで育ったんだろう。本当に俺の子なのか？」とか、「内申点が平均三だなんて、信じられない。学校行ってる価値ないだろ？　お前に払う飯代がもったいないから給食費は振り込まないぞ」などと言われて育ったらどうなるでしょうか？　もしくは、自分がいじめに遭って不登校になった時、親から存在を無視されて、親戚の前で「うちに子どもはいません」なんてことを言われたら？

以上三つは、実際モラハラの加害者となった男性が語ってくれたエピソードです。

モラハラ男子もまた親から学んだ人へ愛情を伝える方法を、女性へ反映していると言えます。

また、刷り込まれてきた人間関係のパターンという意味では、家庭環境以外でも、幼稚園時代や親戚との関係、学校生活で教師から受けたモラハラ体験なども、彼らを加害者にする要因になるでしょう。

モラハラの被害に遭った女性からすれば、加害男性は許せない存在かもしれませんが、個人的には被害に遭った女性にも、モラハラをしてしまう男性にも「辛かったのによく今まで頑張りましたね」と思わざるをえません。

モラハラ男子は親から共感された経験が乏しく、その結果、他人へ共感する能力が育っていないケースが多いようです。

本人もどうしたらパートナーを信頼できるか見えないまま、こんな自分は見捨てられてしまうのではないか、愛される価値などないのではと苦しんでいるからこそ、相手をマインドコントロールするスキルを磨き、実践することで、関係を保っている――。

マインドコントロールテクニックを存分に発揮できるのは、恋愛障害（予備軍）の女性を相手にした時です。そういう女性は、おのずとパートナーのモラハラ性を助長する行動を取ってしまっていることが多々あるという話は、すでに44ページ以降で書きました。

恋愛障害に陥っていない女性は、自分へ危害を与えかねない男性を第一印象で見抜きます。自分を認めず、貶すことで優位に立ち、寂しさを満たそうとしていることを看破してしまうので、恋愛関係となる前に関係をフェードアウトさせられるのです。

会社の上司など、どうしても逃れられない環境でモラハラの被害に遭った場合も、転職や内部上申など、正攻法の手段を取ってモラハラから逃れています。

ケース④　社会生活が送れないレベルまで支配する「束縛男子」

世の中には、「当然の権利として彼女を束縛する男性」もいます。本項目で対象としている「束縛男子」とは、「自分は自由奔放に浮気をしても、彼女には無許可で遊びにいくのも許さない」といった不公平な関係にあるものや、「普通の社会生活が送れないレベルまで束縛する」といったものが当てはまります。その意味で、モラハラ男子の一類型と言えるでしょう。

これからご紹介するのはある知人のエピソードです。

付き合った当初まったく束縛しないタイプだった彼は、同棲している彼女が男友達に家まで車で送ってもらった夜を境に豹変しました（彼女は遅くまで勉強会に参加しており、夜道を心配した友人が家まで送ってくれたのだそうです）。

健全な男性であれば、もし彼女に怒りを抱いたとしても、「僕はそういうことをされると傷つくから、次からはやめてほしい」と冷静に伝えることができるでしょう。しかし彼は泣きながら、「お前絶対浮気してるだろ！　そうやって俺を裏切るのか！」と激昂。花瓶やワインボトルを投げつけて暴れた翌日には、彼女の携帯を全部チェック。門限は九時、飲み会でも電話に出なければＧＰＳ機能を使い、迎えに来るといった過剰な束縛を始めました。

当然ながらそんな関係はうまくいかず、三カ月後に彼女から別れを切り出されたそうですが、「やっぱり浮気していたのかよ！」と彼は怒り、「間男《まおとこ》なき修羅場」と化したそうです。「家の壁が、彼が投げたものでボコボコだからポスターをたくさん貼って隠してるんだよね」。逃げ出した彼女は疲れた笑顔で語りました。

ここまで過剰な束縛は珍しいものの、「今の着信、誰から？」と逐一問い詰めてきたり、家へ帰る前に必ず連絡するよう求めてくるなど、束縛男子の報告は後を絶ちません。

こういう男性は、付き合った当初は対等な関係を築きながらも、「相手が浮気をしているかもしれない」とか「自分が傷つけられた！」と感じたタイミングで大爆発します。付き合った当初は普通の男性なので、女性側はなかなか見抜くことができません。

件《くだん》の部屋をボコボコにした彼は、母親が幼少期に結核で長期入院しており、ずっと寂しい思いをしていたと涙ながらに語っていました。

このような「束縛男子」からは、現実的に母親が不在でなくても、兄弟に病弱な子がいて自分はあまり構われず育ったというような「母親の愛情が必要な時期に寂しい思いをした」エピソードが出てきます。

男性に束縛傾向が出てくるのは、「自分から告白して付き合いが始まったものの、彼女が本当に自分を好きなのか確信できない状態」や、「収入や社会的地位などで自信を持てない時に、自分より格上の男がいたら彼女がそちらになびいてしまうんじゃないかという不安がある」といった場合です。

そして、ありのままの自分だと愛される自信がない男性の中には、異性を繋ぎとめるためにさまざまな駆け引きをして、常に自分が上に立てるようにする人もいます。いつも彼女が自分を追いかけている状態を生み出し、「私はこの人と付き合ってもらえるだけでありがたい」と彼女を洗脳することに長けている人もいます。一方で、その関係が崩れると、自分から彼女の心が離れていってしまうと恐れてもいます。

そういう男性は、「自分のほうが彼女を好きなこと」がバレると、彼女の心が離れていくと思っているので、ストレートに気持ちを伝えられません。

その結果、束縛男子は突然不機嫌になったり、強引な束縛を始めたりします。理由を話してくれることはまずありません。

もし女性側に余裕があるならば、彼が束縛してきた時に「私があなたから離れることはないから安心して」と率直に伝え、その上で、誰かと出かける時には、名前と自分との関係を明らかにし、帰りの時間も伝えてみましょう。

女性側が「浮気相手じゃないし、そもそも異性じゃないこともあるんだから、誰と出かけるかなんて言わなくていいや」と思っていても、束縛モードの男性は、「やましい思いがあるから、今日会う人間の情報を話さないんだな」と勝手に妄想してしまいます。

語らないことで不信感を招くのであれば、きちんと伝えたほうがいいですし、「あなたも一緒にいく?」と、あえて誘ってみるのもひとつの手です。そこまで言えば、「あ、本当にやましい思いはないんだな」と安心して送り出してくれることも多いようです。

束縛男子は、「何があっても彼女は自分を好きでいてくれる」と確信できるまで、なかなか嫉妬心を捨てることができない状態です。そんな彼を愛し続けたいのであれば、辛抱強く付き合う必要があります。束縛が終わるのは、「あなたがちゃんと相手に、『どこにもいかない』ことを証明して、安心させられた時」です。

そうまでしてもなお、激しい束縛が続く場合は、あなたに見捨てられる不安が強すぎて、自分をコントロールできていない可能性があります。あなたの身を守るために、一度距離を置くか、セルフコントロールができるまで２１７ページ以降に掲載する「専門機関に相談する」方法を取ってもいいでしょう。

そして、過剰な嫉妬心を抱いてしまう男性が、パートナーと冷静で公平な関係を築くようになれる方法も四章以降に書きましたので、ぜひ参考にしていただきたいと思います。

ケース⑤　「今は結婚する気がないんだ」が口グセ

「今は結婚する気がないんだ」という男性がいます。

恋愛障害でなくとも、「俺は女性から引く手あまただ」と自信を持っている男性にとって、結婚とは「面倒だけれども、いつかやらなくてはいけない」もの。たとえるなら夏休みの宿題か、溜まった洗濯物。私だってできるだけ後回しにしたいと思います。

ただし「今は、ではなく一生結婚しない」とはっきり宣言している男性は信条の自由ですし、問題ありません。

しかし、「今は結婚する気がない」と言いながら女性と付き合い続け、いざ結婚適齢期になって、「やっぱり君とは結婚できない」と関係を投げ出す男性は問題です。女性にとってはレベル九九まで育てたドラクエのセーブデータが消えるようなもの。結婚に到達するために費やしたお金や時間、努力が水泡《すいほう》へと帰します。

人生は取り返しのつかないものです。もう一度、二〇歳のころにリセットして、新しい人と恋愛し直すことはできません。

こういった男性は、「大事なことを決断しない」という決断をしています。それこそ過去に、「夏休みの宿題を白紙で出して、先生には叱られたけれどなんとかなった経験」や、「二股をかけて修羅場を経験したけどなんとかなった経験」が、歪んだ愛情パターンを作ります。ある意味とてもタフな精神力の持ち主とも言えるのですが、あらかじめ非婚主義を宣言する男性に比べ、非常に無責任です。

そして、その愛情パターンを繰り返すうち、最も重いカタチで責任を取らされることになります。

「今は結婚できない」「今は彼女はいらない」と嘯《うそぶ》いていた男性は、往々にして「彼女が妊娠して、親から詰め寄られるカタチで愛のない結婚をする」というコースを辿《たど》ります。

私の周りでも同様の事例は二例ありました。どちらの男性も奥様の妊娠期間中に別の女性と浮気、家庭をずたずたにしてしまいました。自分だけではなく、奥さんも子どもも幸せになれない人生を歩まされるという意味で、貢がせる男性や働かない男性よりも質《たち》が悪いと言えます。

健全な女性は、「○歳までに結婚してくれないなら、別れる」と切り出すことができます。結果として付き合った時間を「無駄にした」と感じるかもしれませんが、過去の恋愛として片付けることができるのです。

ケース⑥　未婚女性専門主義の「不倫男子」

未婚の「不倫女子」の数だけ、「不倫男子」がいる——。ここで取り上げるのは「自ら積極的に不倫を求める男性」です。

不倫男子といっても、「すでに別居状態、未婚の女性から迫られて一晩だけ関係を持ってしまったものの、後悔して二度と連絡は取っていない」というようなパターンは、離婚協議で揉める要素にはなるかもしれませんが、恋愛障害ではありません。

恋愛障害に陥った「不倫男子」は、「自ら社会的に不利になったり、傷つけたりする恋愛を繰り返してしまう」場合を言います。

未婚女子へ躊躇《ちゅうちょ》なく手を出し続ける既婚男性は、「強烈な寂しさ」を抱いています。

不倫をする男性はその前に結婚する必要がありますが、早期に結婚する男性は家庭が保守的であったか、もともと寂しがりやで家族を求めているケースがほとんど。「早くに人生を決めすぎた。もっと幸せな家庭に憧れていたんだ」といったキーワードが、常習犯の兆候です。

「幸せな家庭を夢見ていたけど、妻はそれを叶えてくれなかったんだ」という不満を語ったり、単にセカンドハウスを持っているだけなのに「もう別居しているんだ」と嘯く、「妻は子どもができてから変わってしまった。人としては尊敬しているけど、恋愛感情は抱けないんだよ」と子育てから逃げる自分を棚上げし、「妻より前に出会っていたら、絶対に君と付き合っていた」などと語る……。そうすることで、自尊心が低く真面目な女性が、自分へ同情してくれることを知っているのです（より具体的な手口は、53ページ以降を参照）。

彼自身、自分ではコントロールできない寂しさを抱えていることもあります。不倫男子に幼少期の話を聞くと、「母親が共働きで構ってもらえなかった」「病気をしていて長期間入院していた」というような母親不在のエピソードが頻出します。また、学生時代モテなくて劣等感を抱いていたのに、社会人デビューに成功、当時の劣等感を埋めているケースもあります。

健全な女性は、「幸せな家庭像」を既婚男性に語られると、「どうして彼は奥さんとの家庭作りに注力せずに、口説いてくるんだろう？」と疑問を抱きます。至極まっとうな疑問ですが、不倫を始める女性は、盲目的になっていたり、相手にうまく言いくるめられている場合も多く、この疑問を封じてしまうのです。

ケース⑦　稼ぎどころか家事も放り投げる「寄生男子」

裕福な女性に生活を頼り、寄生する男性がいます。裕福な女性を自分へ依存させるには、特殊なスキルが必要で、ある種の「専門職」とも言えます。そんな寄生男子の共通項は次の三つです。

① 自尊心の低い女性を見つけるのが得意
② 「自分が上位だ」と演出できる能力
③ 寄生する理由を二つ以上持っている

まず寄生男子は、収入は高いが自尊心は高くない女性を見つけることに長けています。いわゆるバリキャリ総合職になる女性には、「親の言うことを真面目に聞かなきゃ」「上司の言うことは絶対だ」と、とにかく服従して生きてきた自尊心の低い方もいます。そういった女性は、自分より頭が良さそうに見える男性を好みます。

また、自分を尊敬させ、惚れさせるようにマインドコントロールするスキルに長けているのも寄生男子の特徴です。極端な話、実際頭が良くなくても、「お前は俺よりバカだから……」という態度を貫けるのです。

また、「音楽でプロを目指していて、なおかつ家が貧乏だった」「博士号を取得したいが、奨学金でカツカツ」というように「夢＋経済的理由」を巧みに使って女性に「私がなんとかしてあげないと」と思わせる能力も持っています。「ナンバーワンホストになる」という夢はあるが「まだ駆け出しでお金がない」という理由で寄生するホストや、インディーズのバンドマンなんかはこのパターンの典型です。

さらに収入が少ない女性を「風俗」に送り込むなど、女性の収入を物理的に上げさせるパターンもあります（もしもあなたが、「彼のために風俗で働いている」なら、本項目の例にかなり当てはまっていますのでご注意ください）。彼らは過去に「女性へ説教することで恋愛がうまくいった」経験を積んでいます。「お前、なんで俺にバッグの一個も買わないの？　それで付き合ってるつもり？」といった強い言葉で自尊心が低い女性を否定することで、女性は「尽くせばもっと愛してくれる、彼を支援できるのは私だけ」と受け止めてしまうことがあります。こういった成功体験を積むことで、恋愛障害の女性限定のモテ市場に君臨しているのです。

自分に尽くしたがる女性がいくらでもいることも熟知しており、「女性は自分に尽くすだけで幸せなはずだ」「不幸せなら捨ててくれればいいよ」「俺には次があるから」と身勝手に考えています。

恋愛障害に陥っていない女性であれば嫌悪感を持ちます。おそらく「この人初対面で、何を偉そうにお説教してくるの？」というのが、まっとうな女性の反応です。

ケース⑧　普段は穏やかな「隠れDV男子」

ＤＶ男子とは、「日ごろから粗暴で、キレたら暴れるような危ないやつ」を想像されるかもしれませんが、現実は、笑顔がステキで仕事もできるカッコいい男性であることも少なくないようです。

これを実証するデータとして男女問わず三七・四％がデートＤＶの被害を受けた経験があるという東京都の調査があります（＊８）。また、同調査ではＤＶを振るったことがある人も約三割にのぼります。この割合で「すぐ暴れる人」がいたら東京は犯罪都市になってしまうでしょう。

ではなぜ彼らはパートナーに暴力を振るってしまうのでしょうか。

ＤＶ男子のケイジさん（仮名）にお話を伺いました。

彼は、恋人を初めて殴ったころを振り返って、「生活にまったく余裕がなかった」と語ります。「仕事が見つからない。職歴がないから面接にすら呼ばれない。彼女に家賃を払ってもらっていたけど、派遣の仕事ばかりだった」。そんな辛い時期を、彼女は献身的に支えてくれていたそうです。

「彼女にも申し訳ないと思っていたんだけど、仕事は見つからない。イライラが溜まってたんだね。ある日家でチューハイ飲んでたら、彼女の携帯に男の名前で着信があった。彼女はシャワー浴びてたんですけど、バスルームの扉を開けて、髪の毛引っ張って外へ出しました……」

ケイジさんにとって「浮気」の定義は、「男から連絡がある」。社会生活を送る上で、この定義はかなり厳しいと言わざるを得ません。実際この時も、彼女はデートをしたとか、体の関係を持っていたわけではなく、あくまで電話がかかってきただけなのです。

しかし彼女はすぐに謝ったそうです。というのも、彼女は細かく束縛され続けており、「何か言われれば、反射的に謝る」ことが当たり前になっていたのです。

一方ケイジさんは、「謝った」＝「悪いと思っていたことを認めた」のだと激怒。

「ボコボコに殴ってやりました。顔は避けたので、浮気の制裁としてはちょうどいいんじゃないですか」と、その時のスカッとした感覚を語ります。

その後も彼女の帰宅が遅くなるなどするたびに〝軽く蹴り飛ばす〟、作ってくれた食事を目の前で〝ゴミ箱へ捨てる〟などのＤＶを繰り返したそうです。

そして、暴力を振るって少し時間が経つと、「やりすぎたかもしれない」「彼女に見捨てられるかもしれない」といった気持ちがこみ上げて、謝罪をする——。

彼女は彼女で、「相手を傷つけてしまった」という後ろめたさから、「いいよ、それで気が済むなら」と許す共依存《きょういぞん》の状態に。

家族について質問してみると、「母親がよく親父に殴られてましたね」とケイジさん。当時は父親のことを許せず、母親を守ってやりたいと思っていたそうです。そして自分は絶対に暴力を振るうようなことはしないとも……。その父親とは関係が悪く、現在もほぼ絶縁状態とのことです。

身近にDVがある環境では、言葉を使って正しく怒る方法を教わることができません。怒りを体で表現してしまうことを身につけてしまいます。

DV男性が心の闇から抜け出す方法と、DVを受けている女性がそこから逃げ出すことのできる方法は、四章以降に記しております。

第二章

危険！　思い込みが暴力化する「妄想男子」

妄想やイメージで「傷つける」ことは可能か？

私の経験では恋愛障害に陥った時、女性は自己犠牲の傾向、男性は他人をコントロールしたがる傾向にあるようです。

数百名の男女のヒアリングから私が仮説として提唱したいのは、「思春期でどれだけモテたかという重要度が、男女でまったく異なる」という点です。

女性に話を伺っていても、思春期にモテなかったから男性へ復讐してやろうと思った、必死で勉強して社会的地位を代わりに手に入れようとした……といったエピソードはほとんど聞かれません。まれに美容整形に走る女性がいる程度です。

一方、モテなかったから女性を恨むようになった男性、社会的地位を上げてモテるようになって見返したいと考える男性は何人もいらっしゃいました。

この章では、直接暴力を振るうことはないものの、あるイメージを押し付けることで自分や、時には間接的に女性を、傷つけてしまう男性の具体例を紹介していきます。

こちらも前章同様、男性を断罪することを目的とはしていません。あくまで「なぜこういう行動を取ってしまうのか」について、理解を深める道具としてお読みいただければと思います。

ケース①「ただしイケメンに限る」と可能性を閉ざす

「ただしイケメンに限る」というフレーズは、インターネット上で女性の発言に対し決まり文句として使われるほど流行しています。実際に共感する方が多いことも一因でしょう。

ある飲み会で異性の好みについて話していた時のことです。

話の流れから、「知的な男性が好き」「メガネ男子最高」「何かに夢中になってる人に心くすぐられる」「なんだかんだ言って優しい人が一番」といった、いわゆるガールズトークで盛り上がる女子を見て、知人男性が一言。

「でもそれって、結局はイケメンじゃないと嫌なんでしょ？」

一瞬の静寂の後、女性陣は「そんなことない」「好きになった人はイケメンに見える」「顔よりも雰囲気が大事」といったことを伝えましたが、発言した男性は心から信じられないようでした。

ここでもうひとつ実例を挙げます。

メーカー勤務の三〇代、理系学部出身で女性経験のないある男性のお話です。この男性は、初デートまではこぎつけるものの、なかなか二回目以降に続かないと悩んでいました。

外見は清潔感があり、好青年という言葉がしっくりくる風貌、とても女性受けが悪いようには見えません。

デートではレストランを積極的に予約してくれ、「ヒールで歩かせたくない」という理由から駅から近いお店を選ぶなど気遣いも完璧。まさに女性が求める優しくて誠実な男性そのものでした。それなのに、二回目以降のデートにこぎつけることができない？　何が問題なのか、食事を取りながら伺うことにしました。

レストランでお話を聞いていたのですが、恋バナになったところで風向きが変わりました。彼は、恋愛においての告白――いわゆる「詰め」の段階になると決して前へ進めないとこぼし始めたのです。

「俺は親からもバカだと言われて育った。顔もブサイクだし。合コンへ行っても、そこでバカにされるんじゃないかと思うと、声をかけられない」と。

バカだと自嘲する彼の出身大学は京都大学。私など逆立ちしても入れない名門大学ですが、比較的偏差値が低い学部に合格したことがネックらしく「どうせ俺は京大生としても認められてないんだ」と真っ向から自分の成果を否定します。そこで私が、「自分で頑張って素晴らしい会社へ就職したじゃない。その部分は評価できないの？」と質問すると、「就職なんて、その年の景気がいいかどうかでしょ。俺が就職したのはリーマン・ショックの前だから」とにべもありません。

おそらく彼の中には、外見や学歴へのコンプレックスがとても大きな挫折として横たわっていたのでしょう。その後いくら成功を収めても、自尊心は低いままのようでした。

この段階で彼へ、「モテないのは外見でも学歴のせいでもなく、その卑屈な中身のせいではないか」と言っても傷をさらに抉《えぐ》るだけ。彼は「今モテない理由」を学歴や容姿のせいにすることで精神の均衡を保っているのです。

幼いころ外見をバカにされた、学生時代にイケメンと自分の扱いの差に傷ついたなど、過去の挫折によって外見にコンプレックスを抱いている男性ほど、「女性は見た目で男を判断する」と決めつける傾向にあります。

その結果、せっかくあなたの中身を見てくれる女性が現れても、卑屈な男性として振る舞うことで台無しにしてしまい、ますます傷を重ねることになります。

以前は私も、なぜ男性が「自分の外見」にこだわるのか、わかっていませんでした。

しかし、その後のヒアリングから「ただしイケメンに限る」と決めつける男性の背景がだんだんわかってきました。

　まずおさえておきたいのは、身もフタもないことですが、男性のほうが女性を「顔」で判断しがちだということです。

　婚活支援会社ＩＢＪがお見合いパーティーに参加した二〇代〜四〇代の未婚男女六九二人を対象に実施したアンケート調査（＊９）によると、「恋人に求める最優先条件は？」という質問に対し、男性では実に全体の三一・一％の人が「容姿」だと答えています。一位の「人柄」（三九・八％）に続き、二番目に高い「条件」となっています。

　一方、女性で「容姿」と答えたのは、一一・二％の人（四位）にすぎません〈一位は「人柄（四六・二％）、二位は「価値観」（二〇・一％）、三位は「経済力」（一六・二％）〉。

　つまり男性は自分が女性を顔で判断しているから、「きっと女性も同じように男性を顔で判断しているのだろう」と考えているのです。

　女性の言う「可愛い友達」に、本当の可愛い子はいないと言われることがありますが、一般的な女性は異性であれ同性であれ、外見にあまり頓着しない傾向にあるようです。つまり、女性もイケメンしか相手にしないはずだと決めつけることは、とてももったいないことなのです。

　では女性は、どうやって相手の人柄や価値観をはかっているのでしょうか。一般的に女性は、男性とのデートなどを通じて、「自分だけの好み」を見つけていきます。たとえば、ある健全な恋愛をしている女性から聞いた男性の好みは次のようなものでした。

・絶妙に好みのカタチをしているキュートな耳たぶ
・デートにスーパーの袋を持ってきちゃうような無頓着さ
・日焼けすると赤くなってしまう色白の肌
・服のほつれを気にかけて、私が寝ている間に直してくれる思いやり
・自分が悪くなくてもすぐに「ごめんなさい」と謝る優しさ

　どれも「マニアックすぎる」と思われるかもしれません。しかし本来、人の好みは千差万別です。その好みを「自己分析」できている人ほど、年収や外見といった部分に惑わされないようです。逆に「イケメンしか好きになれない」とか「高収入や高学歴にしか興味を持てない」という女性は恋愛障害に陥るリスクをはらんでいると言えるでしょう。

ケース② 異常に奥手で勝手に諦める

「草食系男子」という言葉が生まれた二〇〇六年、あれから一〇年が経ちました。さまざまなメディアに取り上げられたことで人口に膾炙《かいしゃ》し、市民権を得て久しいこの言葉の定義は人によって異なると思いますが、本章では大づかみに「恋愛に奥手な男性」とします。

二〇〇六年当時はデフレ不況のまっただ中、非正規雇用が四割にのぼる不安定な若者の生活事情もあって生み出された言葉なのかもしれません。しかし、理由はどうであれ、「女性に声をかけられない」「好きな人をデートに誘えない」といった相談を受ける機会は年々増しています。

実際に恋愛障害と呼べるレベルの「草食系男子」からお話を伺うと、「僕なんかが声をかけて、断られたり、嫌がられたりしたらどうしよう」と考える傾向にあります。さらに彼らの話を深掘りしていくと、ある仮説が導かれます。

① 男性は二〇年前に比べて年収が減り、デートにかけられるお金が減っている

② しかし男女のデートで求められる予算は、昔と変わらないと感じる男性もいる

③　その結果「高いレストランに連れていかなくちゃいけないのに、年収○万円ぽっちの俺なんて……」と自らハードルを上げた挙句落ち込み、口説く前から諦めてしまう

たしかに、「外資系高級ホテルじゃなきゃお泊まりなんてありえない」とのたまうバブル女子は絶滅したわけではありません。しかし、女性の多くはもっと地に足がついています。女性を「高級志向だから」と警戒するのは、相手をきちんと分析してからでもいいのです。

女性が、「年に三回海外旅行するのが趣味」とか「このバッグすごく可愛いでしょ、三〇万円だったの」とでも口走らない限り、その警報はスイッチオフ。本質的に立ち向かうべきは、「なんとなく自信を持てない自分」だと心得ましょう。

一般的には恋愛経験が少ない男性ほど、女性を分析する前に「どうせ自分なんて」と自ら可能性を閉ざす傾向にあります。そして、そんな男性は、周囲の情報を頼りに「恋愛とはなんぞや」を考えます。その際に参考にするテレビやネットの女性像は、視聴率やページビューを稼げるよう、極端な事例がピックアップされがち。「初デートにサイゼリヤに連れて行ったら激怒した女性」「マジックテープ式の財布を嘲笑《あざわら》った女性」といったエピソードを参考にしてしまい、輪をかけて積極性をなくしていくことになります。

草食系男子でも恋愛障害に陥っていない男性は、気になる子ができたら、「デートを重ねながら」相手の価値観をチェックします。その価値観が大幅にずれていたら友達として付き合い、合いそうだと確証を得てから初めて「恋愛」を考えます。

ケース③　オタクは恋愛できないと思い込んでいる

ネット上で人気を集めるエピソードのひとつに、「夫のコレクションを捨ててしまって大問題に」というものがあります。投稿主は大抵が奥様。その内容は、「まったく理解できない夫のオタク趣味への批判や、生活空間の占有率を高めていくコレクションへの不平不満→耐え切れず無断で捨ててしまう→夫の様子がおかしくなった」と顛末《てんまつ》を語るパターンです。妻は「それでも私は悪くない！」と共感を求めるのですが、男性陣からは「女性にオタクのコレクター魂は理解できない→こんな目に自分も遭うくらいなら、結婚しないほうがよい」という反発が寄せられます。

男性が「明日は我が身」と恐怖する心中は十分察するところではありますが、「女性にオタク魂は理解できない」というのは、やや現実から乖離《かいり》した意見だと言えます。

少し古いデータですが、二〇一〇年八月～九月にかけて、マーケティングリサーチ会社の株式会社バルクが行った「女性の『オタク』のイメージに関する調査」では、女性全体の八・四％が「完全にオタクである」、二〇・七％が「どちらかと言えばオタクである」と答えています（＊10）。つまり、一〇代〜三〇代女性の約三割が「自分はオタクである」と考えているわけです。

さらに同じ調査では、「オタクのイメージ」について「ポジティブ」な回答を寄せた女性が全体の一八・七％、（ポジティブでもネガティブでも）「どちらでもない」と答えたのは四六・九％でした。すなわち、女性全体の六割五分以上がオタクについて積極的には悪感情を抱いていないのです。

アニメやフィギュアといった男性ファンの多いジャンルが、たまたまオタクという単語でイメージされやすいのかもしれませんが、宝塚やバレエといったジャンルを覗《のぞ》いてみると、いかに多くの女性オタクが存在するのか思い知らされるはず。また最近では、同人誌即売会や学校のサークルでのオンライン上のファンページなど、趣味の世界でめぐり会い、結婚する男女だって少なくないでしょう。

しかし現実では、「オタクだから」という理由で恋愛に踏み出せない男性が多いように思います。なぜでしょうか。

その疑問を解消しようと、「どうせ俺はオタクだから、モテるわけがない」という複数の男性に話を聞いてみました。そしてわかったのはコレクションを捨てた妻の話に代表されるように、その論拠となっている情報のほとんどがインターネット発のもので、実際の経験はほぼないという事実。

ネットの世界は、私たちの視野を劇的に広げてくれます。しかし一方で、偏った情報のみを手に入れてしまうリスクもあります。ネット上の「これだから女はクソ」といったエピソードにばかり反応していたら、オタク男性を愛する女性のエピソードは見つけづらくなります。

こういった「他人の話」と「自分の経験」を分けて自己分析していただくためには、自分が実体験で感じたことをメモとして記録することをおすすめしています。

実際に人と対話して感じたことだけを蓄積していくと、「あたかも一般論に見える」ネットの情報とは異なる、自分だけの経験が可視化できるようになります。健全な恋愛をしている男性は、体験から得た感情を大切にしているものです。

ケース④「本当の自分」を愛してくれる女性を求め続ける

「女なんてどうせ、俺の収入が目当てなんだろう」

「女なんてどうせ、地位とか肩書きにしか興味がないんだろう」

このような女性不信に陥る男性も、少なくありません。

本ケースでご紹介するケイスケさんは、ＩＴベンチャー企業で役員として活躍する二〇代の男性。彫りの深い端正な顔立ちに加え、誰とでも盛り上がれるコミュニケーション能力もあり女性関係は事欠きません。まさに「モテ」の世界にいる彼なのですが、内面は虚無感にさいなまれているそうなのです……。

――ケイスケさんは今までに何名の女性と関係を持たれたのですか？
ケイスケ　付き合ったかどうかではなく、体の関係ですよね？　約三〇人くらいでしょうか。
――恋愛経験を、幼少期から遡って教えていただけますか？
ケイスケ　子どもの時って、ぱっと見がかっこよかったり、勉強がそれなりにできたり、運動神経いいだけでもそれなりにモテるじゃないですか。僕の場合は大体どれも揃ってて、家庭環境も割と良かったほうなんです。なので、他人よりできて当たり前だという気持ちがありました。

中学校ではバスケ部に入りました。そこでは小学校と同じ評価は得られませんでしたね。根暗《ねくら》だったし、教室内ではいつも隅っこにいるようなタイプ。とはいえ、ルックスのお陰でモテてはいて、その頃から女性を「上から」見ていましたね。自分にも自信があったし、実際に学校内で一番可愛いと言われてた女子とも付き合えたんですよ。ひと月で振られましたけど。

――どこかのタイミングで、その「自信」がなくなったわけですね。

ケイスケ　高校三年の時に、好きな子ができたんですね。クラスの中でもスーパー地味な子に一目ぼれした。好きになると僕はもうその人しか考えられなくなってしまうので、割とすぐに思いを伝えました。でもその時、受験があるからと断られて……。受験が終わって告白し直したんですが、付き合えなかったんです。その時からですね、僕は人から愛されない人間なんだろうか、と自信がなくなってきたのは。

結局、僕って中身が何もなくて、家でゲームしているのが好きなただのオタクなんですよ。それまで周囲に過大評価されていただけで、本当の自分には価値がないと思うようになりました。今でもそう思っています。周囲の評価と本当の自分のギャップを、見せかけで埋めている人間なんです。

――大学時代はいかがでしたか？

ケイスケ　大学でも好きになれた子がいたんです。最初は向こうが僕のことを好きになって。ふとした瞬間に今度は僕がその子を好きになって、告白したんだけどダメでした。こんなに可能性があっても僕はダメなのかと……。

就活をしているころに知り合った、誰もが美人だと羨むような女子と付き合ったこともあります。僕が苦しんでいた時に、彼女が僕を好きになったんです。一年くらい付き合いましたが、人生で初めて「僕のことを本当に好きでいてくれるんだ」と信じることができた。でも、就職して仕事ができず精神的にボコボコになっていたころ、会う余裕がなくなって、結局振られてしまいました。仕事はできない、女もいない。そのストレスに耐えられなくて、酒やゆきずりの女に逃げるようになりました。

――今までの恋愛を振り返って、ご自身のことをどう思いますか？

ケイスケ　やっぱり本質的に自分を愛してくれた人はあまりいなかったように思う。周りから見た僕の評価は高いけど、自己評価はめっぽう低い。本当の自分を見て好きになってくれた人はいないんです。外面を見て僕のことを好きになったことがわかると、その瞬間に相手へ興味がなくなってしまう。「僕の本質を何も知らないくせに」「僕のことを好きとか言ってるけど、なんかお前底の浅いやつだな」と思ってしまうんです。

ケイスケさんのように、初期の恋愛で自尊心を失うような経験をして、それ以降の恋愛でも引きずってしまうことがあります。「自尊心を正しく育てるチャンスを逸した」ことが原因となっています。

ケイスケさんに限らず、「本当の自分」を理解してほしいと思う人は、三つの自己像を持っています。

① **取り繕《つくろ》った「他人が評価する自分」**
② **愛される価値のない「本当の自分」**
③ **本当はこうありたい「すべてを乗り越えた自分」**

③の「すべてを乗り越えた自分」になりたいと思っても、恋愛障害に苦しむ限りは、その姿がイメージできません。そこで、自分を守るために、①の「他人が評価する自分」を演じてしまいます。そして、他人が評価してくれたとしても、②の「本当の自分」はそれを受け

入れることを拒否するのです。

俺の恋愛、「なんか変だ」と思ったら……

二章と三章では、男性が特に抱えやすい恋愛障害のパターンを「加害男子」と「妄想男子」の二パターンに分けてご紹介しました。彼らに共通するのは、寂しさや怒りといったネガティブな感情の処理がうまくいっていないことです。寂しいからナンパを繰り返す、怒ったらモノや女性に当たってしまう、女性に不慣れで怖いから拒絶してしまう――。

男性の恋愛障害は女性の場合と大きく異なり、後悔するチャンスが少ないものです。女性は同性と恋愛トークをする頻度が高く、「私の恋愛、ちょっと変かも」と気づく機会があります。

一方、恋愛障害の男性の中でも「加害男子」の場合、モテた話やナンパの成果、好みのタイプなどを語りあうことはあっても、自分の本当の苦しみに気づいていないため、真剣に恋愛観を打ち明けることはほとんどありません。ナンパ師は仲間内で、女性をビッチと切り捨てる男性は同じようなタイプで固まりやすい傾向もあります。「俺の恋愛、なんか変だ」と思うより、「やっぱ今のままが最高だよな！」「俺の考えは正しかったんだ！」と、自分の苦しみに目をつぶることで、却って長期的に苦しむパターンから脱出できません。それで自分が苦しいだけなら個人の自由ですが、誰かを傷つけている場合は大問題だと思います。

「妄想男子」は、その名の通り、自分の思い込み、決めつけで自分や異性を眺め続け、なかなかその苦しみから脱却できません。

もし、「俺の恋愛、なんか変だ」と思ったら、ぜひ次章以降を読んでネガティブな感情のコントロール方法を身につけてください。

直接的であれ、妄想によってであれ、女性を傷つけた経験は、誰かに相談しづらいと思います。

そのような方にまず必要なのは、休息と自己受容です。次章から、心がラクになる方法を身につけるお手伝いができればと思います。

第四章

あなたは過去と向き合えるようになる

なぜメールが返ってこないだけで心揺れるのか?

これまで、一章では愛されずに苦しむ女性の姿を、二章と三章では男性の姿をご紹介しました。本章からは、苦しむあなたが、自らの力で恋愛障害から脱却する方法についてお話ししていきます。

恋愛障害を抱える人は、「自分のしたいこと」を周囲の人から無視されたり、否定された経験を持つ人が多いようです。たとえば、夢を否定されたり、世間の常識から外れていると笑われたり……。

そこまであからさまではなくても、「親の前では自分の感情を出さず、常に上機嫌なフリをしていた」とか「病気がちな弟がいたから、親に甘えられなかった」という家族間の問題や、いじめを受けており自己主張できなかったというケースもあります。

このような経験を積んでしまうと、「どうせ何をしても無駄だ」とか「自分のしたいことをガマンしたほうが傷つかないで済む」と考えるようになります。

そうして恋愛障害の方たちは孤独感を深めていき、「私は誰からも愛されない」「自分を愛

図5

普通の人と恋愛障害の人のストレス耐性の違い

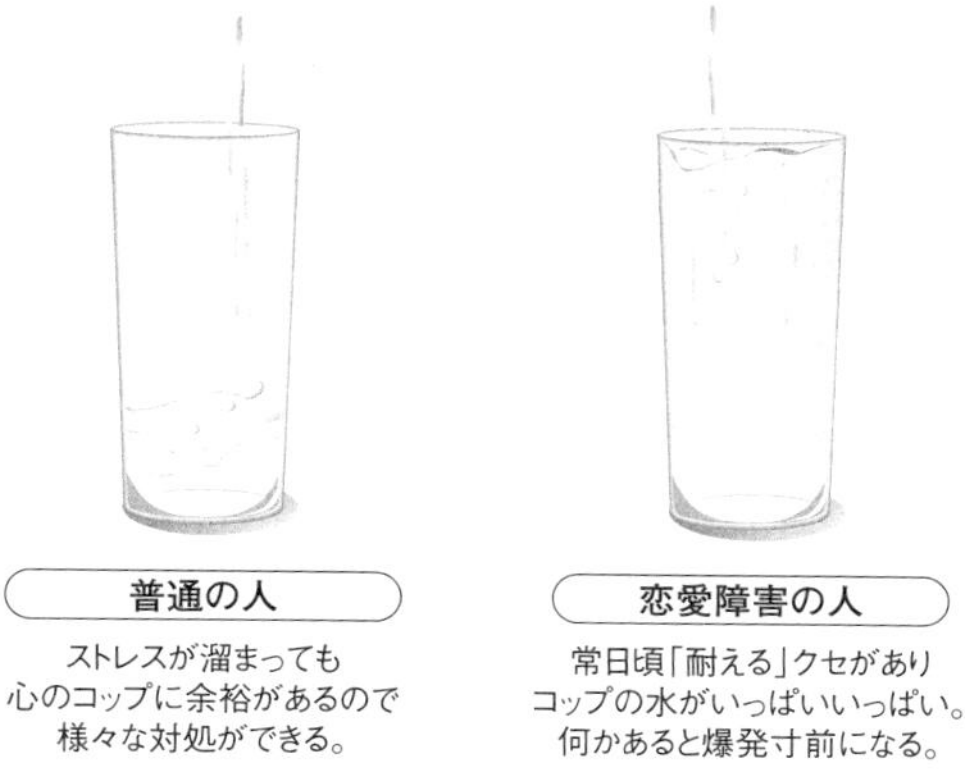
普通の人
ストレスが溜まっても
心のコップに余裕があるので
様々な対処ができる。
恋愛障害の人
常日頃「耐える」クセがあり
コップの水がいっぱいいっぱい。
何かあると爆発寸前になる。

してくれる人なんてきっといない」と考えるに至るのです。

また、昔の私もそうだったのですが、「恋人から連絡が来ない」「誰かに悪口を言われた」など他人から見たらなんてことないことに、大きなショックを受けてしまいがちです。

それはなぜでしょうか。

あなたの心をコップの水でたとえてみましょう。コップ＝あなたの心、水＝ストレスを表します。普通は、自分の心に少々ストレスが溜まっても、心に余裕があり、受け止めることができるはずです。ところが恋愛障害の方は、「見捨てられたらどうしよう」「寂しい」「嫌われたくない」といったストレスを常に抱えています。これは、最初からコップの中の水が、溢《あふ》れるギリギリまで達しているようなものです。

だからちょっとしたストレスでコップの水が溢れ、感情をコントロールできなくなり、自分や他人を傷つけてしまうのです。怒りや寂しさをそのままにしておくと、無謀なセックスやセフレ・不倫関係を繰り返し、「愛されない」自分を育ててしまうことになります。

コップの水位に余裕があれば、「孤独でも耐えられるから、最悪相手が離れていってもいい」と考えられるでしょうし、そもそも離れていくことを最初から想定することはありません。好きな人が現れたら、素直に「好きだから付き合おう」と告白することができますし、付き合ってからも、「私を尊重してくれていないから」という理由できっぱり別れることもできます。これは両極端な例ですが、どちらも「自分の意志」を優先して行動していると言えるのです。

そのような行動が、周囲から「自分の意志を持った人」と評価され、自然と他人から尊重されるようにもなります。その結果人に大切にされ、愛される人になれるのです。

ですから、恋愛障害の人は、まず自尊心を取り戻し、自分の意志で行動する力を身につけなければいけません。

自分の意志を優先できる人の思考パターン

「自分の意志を優先できる人」の考え方や行動パターンの例は、次のようなものです。

- 自分が「辛いな」と思った日は、熱がなくても休みを取る
- 言いたくない質問には答えない。笑ってごまかしたり、強引にでも話題を変える
- ご飯は気持ちよく奢られる
- 誰かと過ごす時「私と一緒に過ごせて幸せでしょ？」と思う
- 自分が行きたくない飲み会は当日でもキャンセルする

このリストを恋愛障害に悩む人に見せたのですが、そのリアクションは「こんなの絶対に無理！」というものでした。

たしかに、自分に自信がなく、誰かのイメージに合わせることで愛されてきた人にとっては抵抗がある項目かもしれません。

そのような方にまず取り組んでいただきたいのは、これから紹介する「少しずつ自分の感

情と向き合うエクササイズ」です。なぜ「自分の感情と向き合う」必要があるのか。それは、行動だけを真似しても、すぐに「こんなの、私じゃない」と感じてしまい、継続できないからです。

「自分の感情と向き合う」ことができた後は「実際の行動によって自分を変えるエクササイズ」に入ります。が、ここではまず、これからお伝えするエクササイズの概要を記します。

「自分の感情と向き合うエクササイズ」は以下四つのステップで成り立ちます。

① 自分の感情をじっくり味わう
② 過去を振り返り〝感情のやりなおし〟をする
③ 寂しさの嵐に立ち向かう
④ 過去のしがらみから解放される

①から④のエクササイズで自己肯定感が高まってきたら、五章の「自尊心を育てるエクササイズ」に進みます。こちらも四つのステップです。

① 誰かへ要望を伝える
② 自分でしたいことをやる
③ 誰かに反対されても、自分の意志を通す
④ 人へネガティブな感情を伝える

本書のエクササイズは、ノートへ書き取る作業が中心となります。実践する際は、ノートとペン、あるいはスマホのメモ帳機能などを利用してください。

また、最初にエクササイズの方法と概要、意義を説明した後に、実践例を紹介しています。

不安と孤独の原因を探る方法

さて、いよいよ具体的なエクササイズをご説明していきます。

本章でご紹介する「自分の感情と向き合うエクササイズ」は、「心の中から」恋愛障害を克服する方法です。

「あの時自分はこう感じていたんだ」「本当はこんな気持ちもあったんだ」と少しずつ過去

を振り返ることで、現在の漠然とした不安感や孤独感に繋がっている原因のできごとを探っていきます。

過去の感情のやりなおしを続けると、少しずつ自分の感情を自覚するセンサーが働き始めます。そして昔はその感情を押し殺していたのでわからなかったけれど、今の「自分が本当にしたいこと」を察知できるようになります。

そうして自分で自覚できている感情なら、「そろそろストレスが溜まってきたぞ、休みを取ろう」とか、「この寂しさは昔、あの時の気持ちがぶり返しているんだ。今の自分が気にする必要はないんだ」とある程度コントロールできますから、自分の心と折り合いをつけやすくなっていくのです。

たとえば夜寝ている時に、誰かに見られている気がして目が覚め、窓の外に白い影がユラしていて怖くて眠れなくなった場合を考えてみましょう。

この時に、その白い影の実体がなんなのか確認しないと、漠然とした恐怖が続いて眠れなくなってしまいます。でも、思い切って窓を開けて確認したら、昼間干したワイシャツだったとしたらどうでしょう。その後安心してグッスリ眠れるはずです。

現在の漠然とした不安感や孤独感も、多くはこの昼間干したワイシャツと似ています。その正体がなんなのかに向き合わないと、返していない借金や夏休みの宿題のように、知らず知らずのうちにあなたの心を蝕《むしば》んでいきます。ですから一度立ち止まり、ちゃんと時間を取って、しっかり向き合う必要があるのです。

人生最初の記憶に向き合う

それでは、ここからエクササイズを具体的に進めていきましょう。

まずは自分がどのような恋愛障害に陥っているのかを把握する必要があります。一章から三章までを読んで、「私、このタイプだ」と感じたものがあった方は、それをノートに記録しましょう。

もし当てはまるものがなければ、「過去の恋愛で、共通していること」を考えてみましょう。不倫を繰り返してしまうこと、愛されそうになると拒絶してしまうこと、相手を束縛してしまうことはなかったでしょうか。

それらをノートに書き出していったら、あわせて「その恋愛障害のどういうところを解決したいか」も書き出します。たとえば、「不倫をしてしまう」タイプの恋愛障害であれば、

「既婚者を愛してしまう理由を自分の中で見つけたい」というように具体的に解決したい部分をアウトプットします。

そして、恋愛障害がなぜ生まれたのかを探るため、記憶を掘り起こしていきます。具体的には次のような方法を取ります。

①「人生で最初の記憶」を書き出す
②「その時あなたがどう感じたか」を書き出す
③（本当に自分が考えたことかに注意して）「なぜそう感じたか？」を書き出す

①は精神分析でもよく使われる質問です。もし最初の記憶より思い出したい記憶があれば、そこから始めても構いません。

②の「どう感じたか」を書き出すことは、あなたの考えを整理する上でとても大切なプロセスになります。言葉にすることで意外な感情が見えてくることもあります。その感情も書き出してください。

たとえば、「一人でお留守番した」という記憶をいざ書き出してみると、「一人でお留守番して寂しかった。もう親は帰ってきてくれないいんじゃないかと思った」となるかもしれません。このような「気持ちの発見」を大事にしていきます。

③の「なぜそう感じたか?」を書き出す上では、「親の言葉」と「自分の言葉」を分けることに注意してください。幼いころの記憶は、親の言葉が大きな影響を与えることがあるからです。

たとえば、「お父さんのことが嫌いだった」いう記憶があったとします。そういった場合でも、母親が父親への悪口を繰り返しており、それがあなたの言葉になり、記憶を形作っている可能性も考えるべきです。気持ちを書き出す時は、「それって、誰の気持ち?」「本当に自分が思ったこと?」と自分へ問いかけながら行いましょう。

かつての私が感じていたことを例に、ここまでのフローを作りましたので参考にしてみてください。

——過去の恋愛には、どんな共通点があった?

・相手の好きなファッションへ、つい合わせてしまう。

・プレゼントを買って、貢ぎたくなってしまう。

――恋愛障害の、どういうところを解決したい？

・自分が好きな服を買ったり、彼の前でも着ることができる自信がほしい。

・貢がなくても、「愛されている」と感じることができる自分になりたい。

――思い出せる一番古い記憶はなに？

・五歳くらいのころ。家で両親が喧嘩していた。そのせいでリビングに入れなかった。

――その時、どう感じていた？

・もう両親は離婚するんだろうなと思った。とても寂しかったし、許せなかった。

――それはなぜ？

・両親にとって私はどうでもいい子なんだと思った。私のことを誰も愛してくれないから、離婚ができるんだ、そんな両親を許せなかった。

五歳の私に「離婚」の概念は理解できていませんでしたし、ここまで自分を分析することもできなかったと思います。これはあくまで大人になった私だからできる、「やりなおしの儀式」なのです。

記憶を掘り起こすことで、「その時感じたこと」が徐々に繋がるような感覚になるはずです。そして、「そう感じたのは、○○だったから」「私はこういうことをずっと感じていたんだ」と記憶の物語が生まれます。そうなることで「私はこういう人間で、そうなったのは○○が原因だったんだ」ということがわかりやすくなります。

記憶を掘り起こし、メモを溜めていく

最初の記憶に続いて、他の「強い感情を生じさせたできごと」も書き出していきます。ひとつのできごとに対して同じように、

①　何があったか
②　どう感じたか
③　なぜそのように感じたか

という三点セットで答えを書いていきます。時系列順ではなく、思い出した順で構いません。書き出していると、ふと「そういえば似たようなことがあった」と別の記憶が蘇《よみがえ》るこ

ともよくあります。

一例として私が「最初の記憶」以降を辿ったフローも記載しておきます。

――今、思い出せる記憶はある？

十代のころに付き合っていた彼氏がいた。すごくいい人だったけど、ふと寂しそうな顔をするので気になっていた。後から両親が離婚していたことや、お母さんが忙しくて家にいなかったことを知った。

――その時、どう感じていた？

シンパシーというか「あ、この人も家にお母さんいないんだ」と思ってホッとした。

――それはなぜ？

自分も忙しい両親のもとで育ったので、母親があまり家にいない家庭環境だった人に共感しやすいのかもしれない。

お母さんがいなくても幸せに育つ人はいっぱいいるけれど、その一方で寂しがり屋の男性も多い気がする。そういう男性を、捕まえやすくなっているのかもしれない。

「もう何も思い出せない！」と言える段階まで繰り返すと、あなたの寂しさのルーツとなるできごとが見えてくるはずです。

私の場合、「お母さんが忙しい家庭環境で育った男性に、シンパシーを感じやすい」ということがわかりました。

その他の例で言えば、

「彼氏から一日連絡が来ないだけで不安になってしまうのは、親が私を家に残して仕事に行った時、もう帰ってきてくれないかもしれないと不安だったからだ」

「貢いでしまうのは、ずっと自分の外見をバカにされてきた経験があるから。外見以外の価値を提供したいと思っている」

「恋人へ頼みごとをするのが苦手なのは、中学時代の彼氏に『あいつはワガママだ』と陰口を言われていたからだ。どうせ嫌われるから頼みごとはしたくない」

「自分を高く見せようとしてしまうのは、小学校のころ、教室内カーストが低かったせい。舐《な》められてはいけないと思って、いつも虚勢を張ってしまう……」

といった具合です。

恋愛障害の方は、現在進行形の恋愛に苦しめられていると思いがちです。でも、このように記憶を書き出して過去と繋がることによって、その苦しさや寂しさの原因がわかります。そうすることで、もしこれから恋愛で苦しんだとしても、「今苦しいのは、あの時苦しかったからだ」と冷静に分析できるようになります。これはナラティブ・セラピー（物語療法）という精神療法で、臨床でも広く採用されています。

自分の過去と向き合っていくことは簡単なことではありません。辛い思い出が蘇って動悸が激しくなったり、当時の感情がぶり返してきたりすることもあります。その場合は、あなたが安心できて、心地よいと感じられる場所で、できるだけリラックスして行いましょう。

あなたの恋愛に「タイトル」をつけよう

次のような質問も効果的です。

Q1　あなたの今までの恋愛を本にするとしたら、どんな書名になりますか？

Q2　あなたが思う自分はどんな人ですか？
Q3　「自分」がそうだと認識したきっかけはなんでしたか？
Q4　その時何を感じましたか？
Q5　なぜ、そう感じたのでしょうか？
Q6　何がそう感じさせたのでしょうか？　現在の視点から振り返ってみてください。

脳内でインタビューされるように、記憶を辿りながらメモを取っていきます。

私も実際にやってみたのですが、次のようなメモになりました。


――あなたの今までの恋愛を本にするとしたら、どんな書名になりますか？

『軽蔑《けいべつ》』かな。私のことを好きだと告白されても「私の何を知ってるの？」と軽蔑してしまうから。

――あなたがイメージしている「自分」はどんな人？

勉強もできないし、スポーツも苦手なただのオタク。

――そのような「自分」を認識したきっかけは？

小学生のころ、意を決して告白したのに、クラスのみんなに言いふらされてバカにされたこと。「あんな女に告白されて、マジかわいそうだよな……」って彼はかばわれていた。誰も私のことはフォローしてくれなかった。

――その時何を感じましたか？

好きな人に裏切られて、何を信じたらいいのかわからなくなった。でも、本当に身の程知らずだったのかもしれない……。私なんかが告白しちゃいけなかったんだ。彼にとって迷惑だったんだ。

――なぜ、そう感じたのでしょうか？

私はオタクだったけど、今まで人に笑われたり、迷惑がられているとは感じていなかった。でも、その時から、私は存在するだけで迷惑なんだと考えるようになった。

――現在の視点から振り返ってみるとどうですか？

今思い返すと、他の子も告白した時にからかわれていたことがあった。私だけじゃなかったんだってことも思い出した。あの時は告白したことで必死だったから、そう感じちゃったんだと思う。考えてみると、小学生のころって、誰が告白したとか告白されたとか、なんでも噂にしたい時期だよね。

この私の例では、「自分のことを好きだと言ってきた人を軽蔑してしまう自分」がわかり、その原因が「告白したのに、応えてもらうどころかバカにされた」過去にあることも見えてきました。好きだと言われても、かつて告白して拒絶された自分にはまるで価値がない。価値があると思う相手のほうがおかしい、という思考回路です。

そのパターンがわかると、「今思えば、あの場面で自分を傷つける必要なんてなかったんだ！」と考えることもできるようになります。自尊心を取り戻すチャンスが生じるのです。

過去の辛い記憶が蘇った場合の対処法

このように過去を思い出していると、辛かった記憶も「感情のやりなおし」をすることになります。そうすると、過去の辛さがまるで今目の前に起きているかのように蘇《よみがえ》り、発作的な不安に襲われることがあります。

これを私は「寂しさの嵐」と呼んでいます。

しかし、その寂しさも三〇分程度で落ち着くはずです。「今の苦しみ」ではなく、「過去に味わった感情がぶり返しただけ」と客観的に捉えることができればしめたものです。

そこで、嵐の三〇分を乗り切る魔法のステップをお伝えします。

対処法① 「寂しさの嵐が来た！」と自覚する

まず、自分で「寂しさの嵐が来た！」と感知できるようになりましょう。生理前のイライラが、「もうすぐ生理だ」とわかれば少し落ち着くのと同じように、寂しさの嵐も自覚することで焦らず対処できます。

対処法② そのまま落ち着くまで待つ

寂しさの嵐が心に吹き荒れていることが自覚できたら、その次は、自分の体をぎゅっと抱きしめてあげましょう。そして「もう大丈夫、寂しかったのは過去の自分で、今の自分じゃないんだ。今苦しいのは、昔を思い出しているだけ。もう大丈夫だよ、よく頑張ったね」と自分に声をかけます。

ぎゅっと抱きしめることができる抱きまくらやぬいぐるみ、温かい飲み物も有効です。ソファやベッドで、リラックスできる姿勢を取りましょう。

寂しいからといって、誰かへ連絡をすることはやめたほうがいいでしょう。寂しさはいずれ克服できるものです。ここで人に頼ると、いつまでも改善できないままになってしまいます。

対処法③　寂しさの嵐を乗り越えた自分をしっかり褒める

自分の力だけで嵐を乗り越えたら、自分をしっかり褒めてあげましょう。

以前の自分なら、耐え切れずにあなたを傷つける彼氏や前彼《まえかれ》、不倫相手、セフレなどへ連絡してしまったり、暴飲暴食に走ったり、出会い系アプリや、映画や漫画、アニメなど別の世界へ逃避してしまっていたはずです。自分の感情をコントロールできるのは、恋愛障害脱却の重要なプロセスなのです。

また、乗り越えた時のごほうびを用意しておくのも有効です。ほしかった洋服やバッグを買う、好きな晩ご飯メニューにするなど、「自分へのごほうび」を考えてみてください。

対処法④　埋もれていた幸せな記憶を思い出す

「寂しさの嵐」は、かつて消化しきれなかった感情の波が襲ってくる現象ですから、対処できるようになると、徐々に波は小さくなっていきます。

ここに記した対処法を繰り返すうちに、「あれ、寂しさって私の中でこんなに小さい感情だったっけ？」と思えるほど弱くなるはずです。

そして「寂しさの嵐」が弱くなってくると、埋もれていた幸せな記憶が思い出せるようになります。

恋愛障害に苦しむ方の頭の中は、ネガティブな記憶で埋め尽くされています。しかし寂しさが心の中で減っていくにつれ、「そういえばあの時、優しい先生がいた」「失恋を慰めてくれた友達がいた」といった情報を思い出せるようになるのです。

感情を吐き出してみてわかることがある！

自分の過去を振り返ると、かつて感じていた怒りや喜びがぶり返すことがありますが、そういう時は、いい感情も悪い感情も我慢せず吐き出してしまいましょう。

寂しかった思い出や、報われなかった気持ちを思い出して、思い切り怒ったり、泣いたりするのです。

もしくは「意外と愛されてたんだなあ」と実感したり、「真面目に大人の言うことを聞いてきたから、私は既婚者も『年上』として大事にしてしまうんだ」と内省してもいいでしょう。

未消化の「自分の気持ち」を十分に味わい、客観視することで、当時の自分と向き合うことができます。

そうすることで、過去は過去として大事にしながらも、「当時のことを引きずって、今の自分を苦しめる必要はない」ことに気づくことができ、徐々に過去と決別できます。

吐き出す方法①　気持ちを文字にする

昔の記憶を掘り起こす過程で、怒りや喜びなどの強い感情が出てきたら、その当時の気持ちも文字に起こします。

「あの時、私をいじめた人を許せない」といった怒りや、「やっぱりあの時の彼が一番好きだった。裏切られてもいいから一緒にいたかった」といった未練かもしれません。

記憶の掘り起こしが深まると、ポジティブな気持ちも湧いてくるはずです。

「あの時、実は友達が私を守ってくれてたんだな。嬉しい」という他人への感謝や、「あんなに辛かったのに、よく耐えたよな」という自分を褒める気持ちも書いていきましょう。

そうすることで、あなたの感情がハッキリします。今まで周囲の人に影響されて明確でなかった感情も「こうしたかったんだ」と言葉にできるのです。

吐き出す方法② 自分宛ての手紙を書く

ずっとストレスに「耐える」ことへ慣れきってしまうと、気持ちを言葉にする方法がわからないかもしれません。

そんな時は心理療法でも使われる「ロールレタリング」という方法をおすすめしています。ロールレタリングとは、簡単に言うと「自分を傷つけた人へ手紙を書く」作業です。ただし実際に手紙を「出す」のではなく、書いたものを相手に渡さず自分の手元で数日保管し、今度は「相手になったつもりで」自分宛ての返事を書きます。

こうすることでたとえ出さない手紙であっても、怒りを吐き出すことができてスッキリし、大人目線で振り返りやすくなります。

具体的には、次のステップを踏みます。

① 恋愛障害の原因となった人宛てに、仮想の手紙を書く

今までの過程でわかった、「あなたの恋愛障害が生じる原因となった記憶」について、

本当は相手にしてほしかったことについて、ありのままに書きます。

②　数日間手紙を保管し、心を落ち着かせる

③　今度は、恋愛障害の原因となった人になりきって、「あの人だったら、こういうこと言いそうだな」と想像しながら自分宛ての仮想の返事を書く

相手に「なりきる」ことが大事なので、自分への手加減は一切無用です。「言われたくないことは書かない」といった自主規制をできる限り排除しないと、ロールレタリングの効果は半減してしまいます。

④　数日間手紙を保管し、心を落ち着かせる

⑤　もう一度、恋愛障害の原因となった人へ③への返信を書く

⑥　数日間手紙を保管し、心を落ち着かせる

⑦　「言いたいことは全部言ったぞ、スッキリした！」と未消化の感情にケリがつき、落ち着いてくるまで、この手紙のやり取りを繰り返す

次に、実際のロールレタリングの例です。これも私自身がやってみたものです。

私のかつての恋愛障害は、母親が仕事で忙しくあまり家にいなかったことで生まれた寂し

さに起因しています。

【一通目　自分から、恋愛障害の原因となった人（母親）に宛てて書く手紙】

お母さんへ

小さいころお母さんが家にいなくて、とてもさびしかったです。仕事で忙しかったのは分かるけど、もう少しそばにいてほしかった。たまの休みにホットケーキを焼いてくれたりもしたけれど、そんなときだけ「お母さん、ちゃんとやってるでしょう」ってそぶりをされるのも辛かった。いつも沢山の家へ預けられてたから、今日は誰の家へ行かなくちゃいけないんだろう、もうお母さんは迎えにきてくれないんじゃないかって不安でたまりませんでした。

今さらそんなことを、って思うかもしれないけれど、私はお母さんが迎えにきてくれなかったら、死ぬしかないって思いつめるくらい幼かったということを理解してほしいと思います。

アンナより

書いた後、数日間手紙を保管して、心を落ち着けます。

【二通目　恋愛障害の原因となった人（母親）になりきって、自分に宛てて書く手紙】

アンナへ

手紙を受け取ってとてもショックでした。お母さんはアンナのことを愛していたからこそ仕事をしても人の家へ預けていました。大事な子じゃなかったら、別にどこかに捨ててておけばよかったんです。家に置いてあげたのに、そんな偉そうな口をきくなんて、今時の子は甘やかされて育ったからそんな愚痴が言えるんです。お母さんの時代は戦争でお父さんが死んじゃって、家に誰もいないなんて当たり前。食い扶持《ぶち》を稼ぐために働いてようやく子供として認められたんです。働いたこともないいいご身分で、よくも抜け抜けとそんなことを言えるわね。

お母さんより

一通目と同じように、数日間手紙を保管しておきます。

【三通目　恋愛障害の原因となった人へさらに続ける返信】

お母さんへ

お母さんの手紙、読みました。理解してもらえないだろうとは思っていたけど「やっぱり」という気持ちでいっぱいです。戦争中にお母さんが大変な思いをしたことを否定もしないし、おばあちゃんは生き延びるだけで精一杯だったと思う。だけれども、私が生まれた時代に子どもを捨てることは立派な犯罪です。お母さんは犯罪をしなかったから、愛していたって言ってるようなものだよ。そばにいてほしかったからと言って、私が甘ちゃんだと責めて済ませないで。私がさびしがりだったことも認めるけど、海外留学したりとか趣味にしかならない仕事ばっかりで、ロクに家にいなかったお母さんにも責任があったよね。

アンナより

このように「自分→相手」「相手→自分」と返信を繰り返し、仮想対話を通じて「愛情パターン」の形成に関わった相手と手紙を交換します。

手紙を交換することで、相手へぶつけたい感情へケジメをつけ、自分の記憶の「物語」に決着をつけるのです。

相手になりきって返信するということは、自分自身を否定するような内容を文字にすることでもあります。相手への怒りが湧いてきて、いてもたってもいられなくなるかもしれません。

でも、それでもいいのです。手紙の往復を繰り返すうちに、

「相手と自分は他人なんだ」

ということがわかり、相手へ抱いていた恨みとお別れでき、心も磨耗しなくなります。

また、すれ違いが起きた原因を文字にすることで、

「こんなに恨むことはなかったのかもしれない。あの時はお互い不運が重なって、理解できなかったのかもしれない」

「ていうか、自分が悪いと考える理由なんてひとつもなかったんだな。悩んでたのがバカらしかったな」

と過去をポジティブに振り返れるようにもなります。

「そこまで気にする必要はなかったな」「過去のことで、今苦しむなんてバカバカしいな」

という感情が生じてくると、恨んでいた相手のことが気にならなくなります。

それまで抱いていた「相手に理解してもらいたい」「相手の考えや行動を変えたい」という気持ちに、いい意味で諦めがつくようになります。「恋愛対象として／親として／友人としていい人ではなかったけれども、あの人なりの事情もあったんだ」と複眼視点で現実を認識できるようになるのです。

吐き出す方法③「今思えば」と、大人目線で振り返る

最初は、単に「許せない」「寂しかった」といったことを思い出すだけで、まったく問題ありません。もし振り返るうちに発見がありそうであれば、「今思えば」と、大人目線で過去を分析してみましょう。

異なる視点を加え、あなたの記憶に自分でナレーションを入れれば、あなたの過去を「物語」として成立させることができます。記憶が補完されることで点が線になり、「今の私は、こんな人間なんだ。こんな人間でいいんだ」と自分を認めやすくなります。

「いじめられて許せなかったけれど、今は別に関係ないじゃん。だって社会人になった今、私をバカにしてきたり傷つけてくる人はいないもん。何かを漠然と恐れてたのは妄想だったな」とか、「ダメ男とばかり付き合ってきて辛かったけど、今思えば、私はダメ男を育てて

しまっていたのかも。更生させることもできたかもしれないな」や、「お母さんが私を愛してくれなかったからってなんだ。お母さんが私を愛してくれなかったことと、他の人が私を愛してくれるかどうかとは関係がないじゃん。私は誰にも愛される資格がないなんて根拠のない思い込みだった」といったものです。

くれぐれも覚えていてほしいのは、大人の目線で分析するのはあくまで、「かつての記憶を落ち着いて振り返れるようになってから」です。

無理に早い段階から大人の目線を持ち込もうとすると、まだ怒りや寂しさが消化できておらず、心へフタをすることになります。怒りや寂しさに「耐える」選択肢を取ることになり、それは恋愛障害の最初のステージへ戻ってしまうことを意味します。

心の余裕ができて、自然に振り返れるようになるまで、この項目は無視してください。

「恋愛障害ですけど、何か？」と開き直る

相手への怒りが収まってきてからやることは、「もう恋愛障害はヤメだ！　不倫相手やセフレとも手を切って、次こそは幸せな相手と付き合うぞ！」と意気込むことではありません。

いきなり恋愛障害から脱却しようとすると、アルコールや薬物など、より危険なものに依

存しかねないからです。

そこで次にやっていただきたいのは、次の二つです。

- **過去の記憶が「現在」の恋愛障害へどう繋がっているかを明確に理解する**
- **その結果、自分が恋愛障害に陥ったことは「しょうがないこと」だと、現在の自分を受け入れる**

ひとつめの作業によって自分の自尊心が低くなった原因を、完璧に把握します。先にお話しした窓に映る白いワイシャツの影と同じように、「現在、自分が寂しいと感じる原因」がわからないと、いつまで経っても解放されることはありません。もうおわかりでしょうが、その寂しさが、簡単に体を許す、相手を束縛する、モラハラ男なのに連絡を取ってしまう、不倫を続けてしまうなど、あなたを不幸にする行動を取らせていたのです。

恋愛障害の原因を明確にする

さらにその原因を、改めて明確な答えに落とし込みましょう。

これまでノートに書き溜めてきた「トラウマになっている強烈な経験」の中で、恋愛障害に繋がっているものを探ります。

たとえば、

「なんだか年上の人に甘えたい気持ちがあって、いつも不倫ばっかりしちゃうのは、小さいころ妹ばかり構われて寂しい思いをしてたからだ……」

「ずっと男性と親密な関係になるのが怖かったのは、最初の彼に理由も告げられず音信不通にされたのがショックで、二度とそういう経験をしたくないと思ってるからだ……」

「彼女をいつも束縛しちゃうのは、二人目の彼女を、親友に寝取られたからだ……」

「チクショー、俺が女なんてゴミばかりだと思っていつまでも恋愛できなかったのは、中学校でクラスの女子から過酷ないじめに遭ったからだ！」

「そうか、私が男性に従いがちで、いつも付き合ってる彼氏がモラハラ男化してしまうのは、男尊女卑の家庭に育ったから、どんな男の人でも逆らっちゃいけないと思い込んでたからなんだ……」

「私、なんで働かない男を飼って安心したかったのか思い出したら、これって、お母さんが私に見捨てられるのが怖くて、社会人になってからも仕送りや入院費の名目で、お金をせびってきたのに慣れてたからだ」

というように探ることができればしめたものです。あとは、恋愛障害に陥った現在の自分を受け入れる作業に入ります。

実際、幼いころに妹さんばかりが構われて寂しい思いをした人が、全幅の愛情を求めて不倫男性に向かってしまうのは、仕方のないことかもしれません。

親友に前カノを寝取られた男性が、新しい彼女を束縛しがちになってしまうのも、すべて理解できる話です。

こうやって原因を明確に把握することで、寂しさにかまけて自分にとって望ましくない行動を取りそうな時に、「いけない、また悪いクセが出ている……」と立ち止まることができるはずです。

その上で、原因である「過去」の記憶と決着をつけなければならないこともあなたはもう知っています。そうやって、少しでも自分を客観視し、立ち止まることができたら、冷静にこう叫びましょう。

「今までのことはしょうがなかった！　自分にはどうしようもなかった！」

「自分に問題があるわけじゃなかったんだ！」

「だから、自分をもう傷つけなくていいんだ。ここから脱出してもいいんだ！」

あなたの心のコップに少し余裕が出てきたとわかるはずです。これを繰り返し行えるようになると、あなたは「寂しさ」に打ち勝てるようになっていきます。

＊

あなたの寂しさの原因はなんでしたか？

自分の感情を詳細に分析することで、ぐったり疲れることもあるかもしれません。

その一方で、なぜ自分が恋愛障害に苦しんでいたのかがわかり、スッキリできたのではないでしょうか。

本章を読み終えたあなたは「恋愛障害」克服のきっかけをつかんでいるはずです。

次章では、「健全な相手に愛されやすくなる行動」についてをお話ししていきます。

第五章 自尊心を育てるエクササイズ

行動から心を変える

「自分を愛せなければ、人を愛することはできない。人を愛することができなければ、人から愛されない」

そう言われることがよくあります。

恋愛指南のコラムでも「あなたが愛されないのは自分のせい」と、恋愛障害に苦しむ人を断罪するだけで、肝心な「自分の愛し方」まではカバーしてくれないことが多いようです。

でも、「そんなこと今さら言われなくてもわかってるよ」と思いませんか。

そこで本章では、「自分の愛し方」を知らない方が、自分を愛するために取るべき行動についてお話ししていきます。

恋愛障害に苦しむ方は、他人に負担や迷惑をかける行動を過剰に恐れる傾向があります。自信がないため、他人に負担や迷惑をかけると、その人が離れていってしまうと思っているからです。また、他人が離れていくことを恐れるあまり、束縛やＤＶ、モラハラなどの行動に出ているケースもあるかと思います。

そのような考え方や行動があなたの評価を低くして、結果として他人があなたから離れていってしまっているにもかかわらずです。

そこで四章の方法と並行して、本章では「自尊心が高い人の行動」に変えるエクササイズに取り組んでいただきます。

このエクササイズを続けることで、「私もワガママを言ってもいいんだ」「今のままの私も相手にとって価値があるんだ」と心から思えるようになります。

そして、そうなって初めて相手は、あなたを対等に扱ってくれるようになるのです。人は得てして、手に入りにくいものを追いかけたくなります。適切な自己主張――言い換えるなら「可愛いワガママ」によって、あなたは相手にとって気になる、刺激を与えられる存在、大切にしたい存在へ昇格していくはずです。恋愛障害からの脱却どころか、モテ期に突入していく可能性すらあるでしょう。

さて、これから三つのステップをご紹介します。順番に試す必要はありません。ざっと目を通して、「これならやれるかも」と思えたことを、好きな順番で試してみてください。

ステップ1　「自分がしたいこと」をきちんと伝える

まずは、自分がしたいことを相手に主張する方法をお伝えします。

一人の時は思うままに行動できても、友達や恋人と一緒にいる時は相手に合わせすぎてしまう方を多く見てきました。

相手へ合わせすぎることはあなたの個性を殺すことでもあり、それは愛されない自分を形作る原因となります。

あなたが「私を大事にして」というメッセージを伝えなければ、人はあなたを「大事にしなくてもいいんだ」と判断します。先述したように、人はあなたが自分へつけた価値で、あなたを判断しているからです。

たとえば、私の相談者の中に、元々尽くし性で彼の生活の面倒を見てしまう「お母さん」的役割の女性がいました。彼女へ「小さなことでもいいから、一日ひとつ、彼に何かをお願いしてみましょう」とアドバイスしたところ、彼も「そうやって、してほしいことを言ってほしかったんだ」と喜んでくれ、マンネリ化していた関係もよくなったという方がいました。

このように相手へ刺激を与えるという意味で、「自分の意見を主張するのは、恋人に限らず相手のためでもあるんだ」と思って行動を変えてみましょう。

エクササイズ①　無理して場を盛り上げない

まずは、「無理して場を盛り上げない」です。意外に思われるかもしれませんが、話をしないということも大いなる「主張」なのです。

飲み会で、無理して話をたくさんしすぎることはありませんか。そして帰り道で、「また話しすぎちゃったな……」と落ち込んだ経験はありませんか。

少し前に、ネグレクトや両親の不和など、機能不全家族で育った人を「アダルト・チルドレン」と呼び、その傾向をまとめた本が多く世に出ました。一連の本では「愛されず育った」人が分類されていますが、その中に「ピエロ（CLOWN）」と呼ばれるタイプの人がいます。

社交的で人当たりがよく、飲み会などで率先して面白い話をするのですが、そのおどけかたは度が過ぎており、わざとらしいのが特徴です。飲み会で率先して脱いだり、「今から俺が上司に怒られた話を発表しまーす！」と宣言し面白おかしく披露《ひろう》するのもこのタイプです。

なぜそこまでやるのか。それは、場が盛り上がらないことや沈黙を自分の責任だと感じてしまうからです。今まで家庭や学校で、面白いからと価値を認められた、愛される価値が生まれたと考える習慣が身についてしまっているのです。

ピエロタイプの人がいると、たしかに飲み会は爆笑が絶えません。しかし私は彼らを見て、「面白いことをしているのに、どこか苦しそう……」と感じてしまいます。

もし自分がこのピエロタイプである場合、まずは「場の盛り上げ役である」自分を褒めてあげましょう。「好きでもないやつの送別会なのに壮大な宴会芸を準備している俺ってすごい」「そこまで仲良くないチームメイトの誕生日を準備してやるなんて偉い」と。

その上で、もう一言、

「でも、こんなことしなくても、十分俺ってすごいんだぞ」

と付け加えてください。内面から自尊心を育てるのに一役買います。

これまでのあなたを振り返って、幼少期、親が喧嘩ばかりしていていつも仲裁役だった、学生時代に道化役に徹しなければ相手にしてもらえなかった、といった直接的な理由があるのであれば、四章でご紹介した「感情のやりなおし」をするのも効果的です。そして、

「盛り上がらない場があっていいいんだ」

と自分自身に語りかけましょう。

具体的な行動としては、飲み会に参加する時、「今日は話しかけられない限り自分から話しださない」と決めてみるのもいいかもしれません。

あなたが笑われ役にならないことで、いつもより飲み会が静かに思えるかもしれません。でも、静かでも意外となんとかなるんだ、と気づくはずです。

ただ、急に静かになったあなたへ「今日は静かだね」「嫌なことでもあったの?」「なんか怒ってる?」などと聞いてくる人もいるかもしれません。その時は、「たまには静かなのもいいかなと思って」「体調が悪いわけじゃないから心配しないで」と、あたりさわりのないように答えておきましょう。あなたが「静かな時もある人」なのだと知ってもらい、少しずつ周りに慣れてもらいます。

あなたが楽しめるかどうか、それが一番大事です。肩の力を抜いて過ごす経験を積むことで、自然と盛り上げ役にならなくても認められるようになります。

静かにしていたら誰も話しかけてくれなくて辛いという場合は、もう一度、四章の方法で自分の記憶を辿り、なぜそう感じるようになったかを分析してみましょう。過去に「自分が盛り上げなくちゃいけないんだ」と切迫感を抱いた経験があれば、「もう今は違うんだから、大丈夫だよ」と語りかけてください。

あるいは、自分が話さないことで一人ぼっちになって、その場が苦痛になる場合もあるかもしれません。その場合は、「それってどんなこと?」「なんでそうなったの?」「それありえないね！」「よかったじゃん！」と質問や相づちを活用して、無理して話さなくても自分の居場所は作ることができると知っていただきたいと思います。

また、どうしても居づらいと感じる時は、トイレに立つか、注文を取りに行くなどで、一度その場やお店から出てみることもおすすめです。

エクササイズ② 行きたくなければ「やっぱり行けない」と上手く断る

次は、「上手く断る」方法です。

友達から誘われたランチや飲み会、予定が空いていたら「行かなくちゃいけない」と思ってしまいませんか？ そしてだんだん、「やっぱりあまり行きたい気分じゃないな……」と後悔するようになり、「でもキャンセルはいけないこと」と気持ちを奮い立たせて参加した経験はないでしょうか？ 約束してしまった義務感や、ドタキャンしたことで悪口を言われるかもしれないという不安が背景にあるのだと思います。

まずお伝えしておきたいことは、あなたは予定の有無にかかわらず行きたくないイベントを断る権利があります。「気乗りしないから」と断ることは、決して失礼なことではありません。むしろ作り笑いで無理して参加するほうが、友達にとっては辛いことかもしれません。

上手く断れるようになれば自然と自分の「したいこと」を優先する習慣が身につきます。

さすがに、「気乗りしないから」とストレートに伝えると角が立つかもしれませんので、「先約があるから、また誘ってね」とやんわり断るのがいいでしょう。

「先約ってどんな用事?」と突っ込んでくる人も稀《まれ》にいます。そういう時も「仕事」「親戚とのご飯」といった自分で調整できそうにない理由を伝えましょう。ウソはいけないと思うなら、いっそ本当に仕事の予定を入れてしまうのも手です。

気乗りしないなら、参加すると決めたイベントを後から断ってもいいのです。結婚式などでもなければ、三日前までにキャンセルの意向を伝えれば迷惑になりません。「どうしても無理になっちゃって」と伝えましょう（断り上手の人は、「仕事」「家庭（妻、夫、子どもなど）」を理由としてうまく使っています）。

誘いを断り続けると、「ノリが悪い」「付き合いが悪い」と言われてしまう不安があるかもしれません。そういう場合も、たまに自分から会を主催することで、バランスを保つことができます。

エクササイズ③　約束した時にお店を予約してもらう

ランチやお茶の誘いを受けた時、つい「私・僕が予約するね」と言ってしまってはいませんか。もしあなたがグルメを自認する方なら別ですが、お店は交互に予約するようにしてみましょう。お互い予約を調整するコストを平等に負担することで、対等な関係に繋がります。

お店の予約に限らず、人に会うにはそれなりにコストがかかります。待ち合わせ場所まで行く時間、その交通費、場所をおさえる手間などです。愛される恋愛ができる人たちは、たとえば「今回はあなたの住んでいるエリアに行くから、その代わりおすすめのお店を予約しておいてね」とか、「お店はおさえておくから、そこまで車で送ってもらえる?」というように、相互にコストを分散しているのです。

これは、相手に「全部任せちゃってるな……」と罪悪感を抱かせないメリットもあります。モラハラ男子でもない限り、尽くされ続けることに人は「悪いことをしたな」と考えるものです。きちんと相手と付き合いたければ、ささいなことでもコストを分け合うことを心がけてください。そうすることで、あなたに尽くさせるだけの人間は離れていき、あなたを大事にしてくれる人との健全な関係が築けます。

エクササイズ④　むやみにプレゼントしない

プレゼントをあげることは、本来、「自分がしたい」からやることです。しかし、安心を得るためにプレゼントをあげる手段を使っている方は要注意。

たとえば私の友人に、友達の婚約・結婚の話が大好きな人がいます。よくよく話を聞いてみると、彼女はお祝いすることが好きなのではなく、プレゼントをあげる口実として「婚約」や「結婚」といったイベントを求めていたようなのです。

結婚したある知人の話では、高価なティーセットや家電など、友人関係では考えられないレベルの贈り物が届いたのだとか。友人は、プレゼントを贈らないと「自分は友達としての価値がないのではないか」と考えてしまうのだそうです。

ここまで極端な例は珍しいですが、「女性へブランド物を貢ぐ男性」はより想像しやすいでしょうか。貢ぐことは、見捨てられるかもしれない不安の裏返しでもあります。「モノをあげるから、好きでいてね」と。

現金であれば「こんなにもらうことはできない」と拒否反応が生まれますが、モノを渡されても金額がイメージできません。その結果、相手はあなたからのプレゼントに慣れてしまい、「いつもいろいろなプレゼントをくれるんだよね。ラッキー」と軽く扱われがち。

また、プレゼント目当ての悪質な人からすれば、あなたはカモです。

私は以前、男性をＡＴＭ扱いしている女性に話を聞いたことがあります。

彼女いわく、

「だって、相手は自分を好きにさせる目的でブランド物を贈ってくるんでしょ。それって、誰かに貢ぐことで『喜んでもらえるんだから自分は無価値じゃない』と安心したいだけで、私のことは見てないわけじゃん。そんな自己中な恋愛に付き合ってあげられるのって、私くらいだと思ってる」

とのこと。辛辣ですが、的を外してはいないと感じます。

恋愛障害から脱却するために、なんでもない日のサプライズは極力やめましょう。そうしないと、かりそめの自尊心を作ってしまいます。何もない自分、貢がない自分を愛せなくなってしまうのです。

どうしてもプレゼントをしたいのであれば、記念日やバレンタインデーなど、「世間的な妥当性がある時」に絞ってください。そうすることでプレゼントの希少性も増し、相手もより喜んでくれるようになるはずです。

また、身の丈に合わない常識はずれのプレゼントをしないために、たとえ特別なプレゼントであっても、予算の上限は「手取り収入の一割」を目処にしましょう。あなたの手取りが三〇万円なら三万円、一五万円なら一万五〇〇〇円までです。誕生日など特別な日であっても、この上限値を守りましょう。

それでもまだプレゼントをしたいですか？　残酷ですがそれは、相手への愛情ではなく、見捨てられる不安を払拭するためにプレゼントを利用しているだけです。物品と引き換えに、自分を愛する責任を相手に押し付けていると言い換えてもいいかもしれません。本来プレゼントをあげるべき相手は、そんな不安に頑張って耐えているあなた自身ではないでしょうか。さあ、今すぐそのお金で自分へのごほうびを買いに行きましょう。

偉そうなことを書いてしまいましたが、かくいう私も以前はプレゼントをあげたがるほうでした。「特別な日だけプレゼントをあげよう」と行動を変えた結果、逆に友達からお誘いを受けることが増えました。友達に聞いたところ、「いつもプレゼントをくれるから申し訳なくて、会いづらかった」とのこと。私以外にも、本当にこのような事例は多いので、勇気を持って試してみてください。

エクササイズ⑤「ついでの買い物」をお願いする

会社でのお昼時、仕事が長引いてしまい、気づけばお昼ご飯を食べに行く時間がない。そんな時、コンビニへ行こうとしている同僚に「私のお弁当も買ってきて」と言えますか？

誰かについでのお願いをできないほど、自分に厳しいあなたはたしかに立派です。と同時に「誰かに一切負担をかけたくない」負担過敏症かもしれません。

簡単な頼みごとをするのは、お願いする相手と自分が同じくらいの価値があることを理解していないとできません。逆に理解していれば、このレベルのお願いはごくごく普通のこと。

- ご飯屋さんで衣類をハンガーにかけるとき、ついでに自分の分もお願いする
- ご飯屋さんでトイレへ立った人へ、ついでに店員さんを呼んできてもらう
- 支払いでお札しか持っていない時に、端数の小銭を出してもらう
- コンビニへ行く友達に、ついでに自分の買い物も頼む

このような普通の頼みごとも、慣れていない人にとっては抵抗があるかもしれません。でも、自分が頼まれた時に快く引き受けることで、イーブンな関係を築くことができます。も

ちろん、頼まれもしないのに、自ら積極的に「何か買ってこようか？」なんて聞く必要はありません（積極的に自分を貶める行為になることもあるので注意が必要です）。

そして、慣れない人も、「あえて」お願いするようにしましょう。人に頼られることで、相手も「役に立ててよかった」と感じ、幸せな気持ちになれます。

できるようになったら、「お願いごとを普通に聞き入れてもらえる自分」をかみしめましょう。このことが、この行動の最大の効果と言えるでしょう。あなたはすでに相手に尊重される価値を持っているのです。

私の知人の女性は、男性に荷物を持ってもらうといった、ちょっとした頼みごとは「マナー」だと考えているそうです。初デートなどでより親密になりたい時に、荷物を持ってもらったり、お店を予約してもらったりすることで、相手も「頼られてるんだ」と嬉しくなり、互いに信頼関係を築きやすくなるのだとか。

エクササイズ⑥　気持ちよく奢ってもらう

男性の中には、「女性には奢るのが礼儀」「女性には奢ってあげたい」と思っている人もいます。そういう男性を前にすると、奢られ慣れていない女子は戸惑う時もあると思います。

そんな時のために、気持ちよく「奢ってもらう」コツについてもお話ししておきます。

まず、お会計の時に男性が「いいよ、奢るよー」と言ってくれたら、あなたは、「えー、悪いよー」と言っても構いませんが、無理に拒否することはありません。そういう男性は、金銭的な余裕を自分が持っていることや、女性に喜んでもらえることを楽しみとしており、拒絶すると気分を害することがあります。相手の気持ちを慮《おもんぱか》るからこそ、奢ってもらう。そういう考え方も理解しておきましょう。

「いいよ、奢るよー」と言う男性には、素直に「いいの？　ありがとう！」と言って奢ってもらいましょう。そして最後に、「ありがとう。今日はすごくおいしかったし、楽しかったです」とお礼を言いましょう。「ごめんなさい」ではなく「ありがとう」を伝えることが大切です。「ごめんなさい」だと、無理やり奢らせたと罪悪感を抱いてしまう可能性がありま す。次回奢り返してもいいですし、将来自分が奢りたいと思った人に奢ることで「恩送り」をしてもいいでしょう。

中には、金銭的余裕があまりないのに、見栄を張って奢ろうとする男性もいるかもしれません。そういう状況下での満点の回答を聞きましたので、ご紹介します。

＊

ある男性が、気になっている女性と食事へ行った時のこと。男性には金銭的な余裕はなかったそうです。それでも帰り際に、見栄から「いいよー、奢るから」と申し出たそうです。そこでの彼女の返答が、素晴らしいものでした。

「え、悪いよー。奢ってもらったら、次、誘ってもらいにくくなるから……」

「えっ、次も楽しみにしてくれてるんだ……」と、男性は非常に喜び、最高に気持ちよく奢られたそうです。

男性に奢られ慣れていない人で、またその男性と食事に行ってもいい／行きたいと思った場合にご使用ください。自然と奢られることができて、相手にも嬉しくなってもらえる方法です。

「次に誘いづらくなるから、奢られるのはちょっと……」という言葉は、その後会うことを保証する契約ではなく、メールの最後につける「宜しくお願いします」のように特に深い意味はないものの、便利な文句として活用してください。特に先輩社員など「目上かつ男性」という立場で奢りを拒否しづらい時に有効です。

また、恋愛関係に発展したくはないものの、仲良くしたい男性が無理して奢ってくれそうな場合は、普通に「いいよ、悪いから半分支払うよー」とだけ伝えましょう。そうすれば相手は割り勘に対して心のハードルを下げてくれるはずです。その際、たとえば相手が「じゃあ○○ちゃんは××円でいいよ」と多めに払おうとしてくれた場合は、無理せずその金額を支払いましょう。そこで「いいや、割り勘でお願いします」と固辞することは、先述の例と同様に相手へ罪悪感を抱かせます。

私も人から奢られるのは苦手なので、かつては傾斜をかけて多めに支払われてしまった分と同じ金額を慈善団体へ寄附していました。途中からその友人に「実は私、今まで多めに払ってもらった分を寄附してて」と伝えたところあまりの律儀さに爆笑されて、それからはキレイな割り勘にしてくれるようになりました。素直に「奢られるのが苦手です」と宣言してしまうのも好感度が上がるものです。

もしあなたが男性なら、奢りに固執する必要はまったくありません。どうせ奢ったところで落とせない女性は、落とせません。また「男が全額奢るべき」と思っている女性は、男性が思っているほどには少ないものです。男女問わず金銭的な余裕がない時期はありますから、そういった時期は気持ちよく奢ったり、奢られたりしてください。

ステップ2　一人の時間に「したいこと」をする

恋愛障害の方からのヒアリングで気づくのは、誰かと一緒に行動する時だけでなく、自分一人で過ごす時も窮屈そうに見えるということです。

人から勧められたＤＶＤを借りてきて、「次に会う時に感想を言えるようにしなきゃ」と頑張ったり、好きな人が勧めてきた本を「好みじゃない」と思いながら読んだり、好かれるためだけに筋トレしたり。

なぜ一人なのに窮屈なのでしょうか。それは、心のどこかで「自分は迷惑な存在だ」と感じていたり、誰かの役に立てない時間は楽しむ権利がないなどといった、恋愛障害特有の自己暗示のせいなのです。

ここからは、一人の時間を大事にするエクササイズを列挙していきます。

一人の時間を大切にできれば、自分の「したいこと」を自覚できるようになります。そして、「誰の役にも立たないことに熱中してもいいんだ」と自覚して、自分を愛せるようになるのです。

エクササイズ①　好きな食べ物を作って独り占めする

ひとつ目のエクササイズは、「好きな食べ物を作って独り占めする」です。

「最近、自炊する時は豚肉ばかり使っています」と語る恋愛障害の女性がいます。理由は、「彼が豚肉好きで、料理を振る舞う時に失敗しないよう練習したいから」とのことでした。

うーん、いじらしい。パートナーの好きな料理を作ること自体は素晴らしい行為です。ですが彼の好みは彼の好み、「世界で一番重要なあなたが食べたいもの」より重要ではありません。一人の時間は好きなものを食べるべきなのです。

今すぐ彼の好きな料理をやめて、今日は自分の好きなものを作って食べましょう。そうしないと、自分より他人を優先するクセからいつまでも解放されません。

エクササイズ② 紹介されて苦手だった人をそれとなく断る

社会に出ると学生時代とは違い、出会いが少なくなります。

「合コンで活発に話せるほど社交性もないし、出会い系は怖いし」と思う方にとって、頼もしいのが友人からの紹介です。女子会などで好みのタイプについて話していれば、「この人どう?」と恋人候補を紹介してもらえることがあります。しかし、いざ会ってみても「何かちょっと違う」ということは往々にしてあるでしょう。

友達が、「あの子、ちょっとダメな男のほうが好きだから」と、あえてダメだけれどもあなたの好みに合いそうな人を紹介する可能性もあります。好みのタイプであることは間違いないので心はときめくけれど、理性が「もうそんな恋愛したくない！」と警鐘を鳴らすケースもあるかもしれません。

どんな理由であれ、紹介された人と必ず仲良くする義務はありません。紹介されたからうまく付き合うというのは、ビジネスの世界での話です。

たとえ「ごめんね、なんとなく合わなくて」と言っても、紹介してくれた友達は「そんなものか」程度にしか思っていないのです。紹介すること自体が好きな人も多いので、時間の無駄遣いをさせたなんて気遣いも無用です。それに、ちゃんと自分の思いを伝えないと、紹介することが好きな人は、「恥ずかしがってるのかな?」なんて解釈して、もっと頑張ってくれる可能性もあります。それこそ、時間を浪費させてしまいます。

角を立てずにキレイに断る際の具体的な文例としては、「私よりいい人がいると思うから」というのが最も一般的です。本当に自分に価値がないと思う必要はありません。ビジネスメールの「お世話になっております」のような定型文として使いこなしてください。

あるいは「今までと違うタイプを求めてるから、今はいろいろ冒険してみたいんだ」「もう少し違うタイプを知って、付き合う人をじっくり見極めたいんだよね」といったフレーズも使えます。

このままコピーして使ってもらって構いません。使いまわすほどに罪悪感も減るので、初心者におすすめです。

自分の意思で人間関係をコントロールできるようになったら、自分で婉曲的《えんきょくてき》に断るフレーズを作っていってください。断る力を身につけると、あなたを傷つける相手を避けて、健全な恋愛ができる人だけを引き寄せることができます。

私もかつてある男性を紹介され、反《そ》りが合わないにもかかわらず、無理して会うことを続けてしまった時期があります。そこで思いついたのが「お金がない」という断り文句。

「ごめん、今お金がなくて交通費もないから会えないんだよね」という、誰もがそれじゃ仕方ない、と諦めるような究極の理由です。ここまで言われても「いいって、迎えに行くからさ」「お金は全部出すよ」などと言い出す初対面の人がいたら、富豪か危ない人のどちらかです。危ない人の可能性が高いので紹介してくれた友達に、「申し訳ないんだけど、この人ちょっと怖いかも」と伝えて関係を絶ちましょう……。

実際に私は学生時代や転職時、収入が不安定な期間があり、「本当にお金がない」と言うと納得してもらいやすかったのを覚えています。一般的な人であればこそ、このフレーズが

「今あなたとお付き合いする気はありません」の婉曲表現だと察するのかもしれませんね。

あまり断りすぎると、これから紹介してもらえなくなると不安になる方もいらっしゃるかもしれません。少しずつ自分の「したいこと」を言えるようになってからで構いませんので、なぜ断ったのか、どういう条件の相手に出会いたいのかを書き出して、率直に伝えられるようにしましょう。

そうやって一人で過ごす大切な時間を確保していきましょう。

エクササイズ③　返信をスルーする

好きでもない人から来たメールを無視できずやり取りをしてしまい、いつの間にか食事やデートの約束をしてしまった経験はないでしょうか？

恋愛障害には、真面目な人が多く、「必ず返信しなくちゃいけない」と強迫的に思い込むケースもあります。

たとえば私は、ある女性から「ストーキングに遭いやすい」と相談を受けたことがあります。彼女の話を聞いていると、好きでもない相手からの連絡に対しても、律儀にすべて返信してしまうことがわかりました。そんな彼女のマメさが、ストーカー気質の人を燃えさせていたのかもしれません。

この世には、「愛している人以外からの連絡は全部スルー」するような不義理な人もいるのです。そんな中、あなたの律儀な返信が、相手の「きっと彼女も僕のことを好きなんだ」という勘違いに繋がります。自分の気持ちがない時は、「返信しない」ことが相手への礼儀ともなりうるのです。「自分の気持ちを優先して、返信しない人を選ぶ」練習をしてみてください。

もちろん気が合えば実際に会うやり取りをしてもいいのです。ただ、その理由はあくまで、「あなたが会いたいから」であるべきで、「連絡が来たから」ではいけません。自分が本当に「出会いたいのか?」「付き合いたいのか?」と確認するクセをつけることで、自然と自分を愛する習慣を身につけることができます。

ステップ3　人に反対されても自分を貫く

ここからは、恋愛障害に苦しむ人が最も苦手とする、「誰かが反発しても自分の欲求を貫く」エクササイズをご紹介します。自分を愛するためには、時に誰かの意見を退《しりぞ》ける勇気も必要です。かといって、「私の邪魔をする人と今すぐ縁を切ります」などという極端な行動には出られないのも事実。このステップでは、少しずつ自分のしたいことを優先するテクニックをお伝えしていきます。

たとえば、かつて恋愛障害に苦しんでいた男性は、なかなか自分の要求を相手にぶつけられずにいました。

その時、後に付き合うことになる本命の女性に、「もっと自分を大事にしてほしい。そうじゃないと、私が悲しい」と訴えられたことがきっかけで、誘われたパーティを断る、会いたくない人と自然に疎遠になる、自分の好きな服装を選ぶなどといった、自分のしたいことを優先する行動を取るようになりました。

その結果、周囲が自分を尊重してくれるようになったと言います。今では彼女のほうが男性に首ったけ。「あの時勇気を出して、話し合ってよかった」と言っています。自分のしたいことを素直に伝えられる彼が、以前よりずっと魅力的に映るのだとか。

中には、「親から押し付けられたことは全部反発してきた。これまでも好き勝手に生きてきた」と思われる方もいるかもしれません。しかし、誰かへの反発から生まれる行動は、自分の「したいこと」ではありません。反発することで保っている自尊心は、反発する相手がいなくなればなくなってしまいます。

たとえば、これから「服装や髪型を相手の希望に合わせることはやめましょう」という話が出てきますが、その本質は「反発」することではなく、自分の意見を持ち、その希望を伝えられる自分を育てることにあります。もちろん、「相手の希望する服装や髪型」が自分の好みと一致する場合は、反発する必要はありません。また、あなたが疲れている時や苦しい時まで頑張る必要もありません。疲れたら休む、を鉄則としてください。

エクササイズ① 自分の胸がときめく服を買う

外見は、人の印象を決める大きな要素です。あなたがどんな服や髪型を選ぶかは人生の一大事と言ってもいいかもしれません。しかし、恋人は軽い気持ちであなたの外見へコメントすることがあります。「ちょっと太ったね」「前の髪型のほうが好きだな」「いつもベージュっぽい服を選ぶけど、青のほうが似合うんじゃない?」といったものです。

恋愛障害に苦しむ方は他人からの評価を自尊心に結び付ける傾向にあるため、その何気ない一言に強い衝撃を受け、その言葉を「天からの啓示」のように重く受け止めます。

しかし、服や髪型を相手に合わせる必要はありません。相手がモラハラ体質だった場合はなおさらで、その状態から脱却するまでは彼好みの服を着てはいけません。その行動が、あなたの自尊心を傷つけ、立場を低くしているからです。

これは外見に限った話ではありません。よく聞くのは、「関西弁をやめて標準語で話してくれと言われた」「女性なのに男言葉を使うのははしたないと言われた」「いつも相手の趣味に付き合わされる」といったものですが、これらも、あなたの意志に反していれば従う必要はありません。

もちろん彼は、あなたに意見を言う権利があります。しかし「あなたの行動を変える権利」は一切ありません。そしてあなたは、「彼の言葉に従う義務」はありません。愛し愛される健全な恋愛とは、相手を強制的に変えようとすることではないのです。

自分を愛するということは、外見を自分好みにすることです。そうすることで、自分の外見に自信を持つことができます。

ただし、どうしても彼があなたに決まった服を着てほしいというなら、「その服を買ってくれるならデートの時だけ着るよ」と伝えましょう。

もし「それでいいから買いに行こう」ということになったら、まずは彼氏に好みの服を複数ピックアップしてもらい、その中から、あなたが好きな服を選ぶ手順を踏むと、揉めにくくなります。

細かい話ですが、お店に行った時に女性側が「これならどう?」と選ぶと、「金を出すのはこっちなのに」と出資側がイライラします。お金を出してもらうなら、「彼の好きな服を着てあげるバイト」だと割り切って、セレクトされた服から「着てもいいかな」と思えるものをピックアップするくらいがいいでしょう。とはいえ、「バイト」はあくまでデートの時間だけ。彼以外と過ごす時間は自分の心がときめく服を着る、それが自分を愛するコツです。

服装に限らずあなたが困っていて、何かを相手に伝えた時に、「は? なんで俺が買わなきゃいけないの?」「何言ってんの?」などと怒るようなら、その話題を一旦打ち切りましょう。「今はその話、やめよっか」「そういえば、(と別の話題を振る)」などして話をやめてください。「その話題を振ってくる限り、相手にしない」というのも、誠実な拒絶の方法です。

それでも相手が絶対に話をやめない時は、「ちょっと気分転換してくる」と言って、一度家から出て相手から物理的に離れ、一旦の冷却期間を設けましょう。

こういった方法でかわし続け、「いくら言っても無駄だ」という態度を貫くと、相手は「このまま自由な振る舞いをしていたら捨てられる可能性」を感じ出します。そうなれば、「服装は好みじゃないけど、一緒にいると楽しい」とか、「すごく優しい時もあるしな」と、外見ではない本質的な価値を見出してくれるようになります。

「あなたを失う可能性」を認識することで、過剰にワガママに振る舞うことを抑止し、あなたとの対等な人間関係の架け橋になってくれるのです。

中には、反発した途端にすねて、連絡すら絶ってくる場合もあるかもしれません。

そういう時には、何事もなかったようにこちらから連絡を取ってもいいでしょう。その際は別の話を振ります。その後、やはり服装の話に触れてくるようなら、「今はその話、やめよっか」と言ったり、別の話題に話を変えたりすることで対処します。それでもダメなら今度はこちらから連絡を絶ちます。ここで相手に合わせてしまうと、元の木阿弥《もくあみ》なので、そこは踏ん張ってください。

話し合うのは、相手が「反省」の姿勢を見せ、〝完全に〟冷静に話し合える状態になってから。その時も、あなたは悪くないのですから、相手が変わってくれた場合に感謝は伝えても、謝る必要はありません。

実際、長続きしているカップルや、結婚してからもずっと仲の良い夫婦は、良くも悪くもお互いのアンコントローラブル（操縦不能）な部分を持ち続けています。

そういった部分があるからこそ、「僕の好みに合わせた行動をしてもらえるよう、まずは相手のためになる行動をしよう」「こないだは私が嫌がっていることを受け入れてくれたから、今度は私も受け入れよう」というような健全な相互努力関係が成り立つのです。

本来、そのように相手を互いに思いやる行動は、最も健全な愛情の確認作業になります。それによって、マンネリ化を防いでくれることもあります。

たとえば「今まで女性はロングヘアがいいと思ってたけど、彼女の新しい髪型を見たらショートヘアもマニッシュでいいな」というように新しい発見を与えられることも人と付き合う楽しさのひとつ。パートナーにその楽しさを与えるためにも、自分の心がときめくスタイルへ手を伸ばしてみてはいかがでしょうか。

エクササイズ②　親の期待を小さく裏切る

親はあなたが最初に出会う人間です。そして親は、時にあなたへ過剰な期待を抱くことがあります。

ある時相談してくれた女子大生は、親が敷いたレールの上を歩くことで円満に生きてきたと言いました。無事に中学校から私立へ入り、そのままエスカレーター式に大学へ……。ところが親から「そんな低賃金の会社へ就職しないで」と内定先を否定されたり、「付き合う男性は最低年収一〇〇〇万はないと」と言われて彼氏と別れてしまったりといったことが続きます。それまで「親も時には間違ったアドバイスをする」という事実に気づかないまま、言うことを聞けば人生はうまくいくと思い込んでいた彼女ですが、次第に、親に従うことに苦しむようになっていきました。

親の期待に沿い続けるということは、恋愛障害と似ています。相手に従うことが当たり前になるのです。自分の力で人生を選んだと思うことができず、何かに失敗した時も責任をきちんと受け止めることができません。親を責めてしまう、あるいは、自分はもう親に愛されないかもしれないと不安になることもあるでしょう。

そのような親へは「小さな裏切り」を重ねることで、子離れしてもらいましょう。

小さな裏切りとは、

「親の意見に、自分は賛成できないと言ってみる」

「親が嫌いな人と付き合ってみる」

「親が反対している行為を、あえてやってみる」

といったことです。これによって親の期待値を下げるのです。そして、「あんな子が今はこんなに立派になって」と言わせたらしめたもの。あなたの親離れは、子離れを促進することから始まります。

親子関係をうまくコントロールできる人は、恋愛関係でもスムーズに怒りを伝えることができるようです。もし、親と絶縁したいほど憎んでいるのでなければ、きちんと親子喧嘩をするのも、恋愛障害から脱するエクササイズとして有効です。

エクササイズ③　過去のトラウマを親にぶつける

恋愛障害を抱える人の中には、世間のルールを信じすぎるあまりに、親子関係が上手くいかなかったとしても「親を憎んではいけない」と考える人がいます。

かつて反抗しても無駄だと感じた記憶から、闇雲《やみくも》に親へ反抗しても、すぐに言いくるめられてしまいます。

中学時代に数年間引きこもった経験があり、現在もパートナーとの関係に苦しんでいるチカコさんという女性がいます。彼女は、二〇代になってようやく過去を振り返れるようになったと語ります。

彼女は当時、「引きこもって辛い思いをしたのは、ママが私に勉強を押し付けたからだ」と泣きながら訴えたことがあるそうです。

それに対して母親は、「あなたのためを思って、中高一貫校の受験をしてほしいと言ったのよ。それなのにどうして引きこもってママを苦しめたの？　ママこそ被害者だよ」と、逆にチカコさんを責めたそうです。不毛な言い争いにチカコさんは気力を使い果たし、それ以来「母親には一切感情を抱かないように努力してきた」とのこと。

他人を反省させるのは、とても難しいことです。チカコさんの親も、教育方針が間違っていたと認めるのは辛いはずです。誰だって、自分の間違いで、誰かの人生を大きく傷つけてしまったなんて信じたくないでしょう。

しかしそれは、あなたが親への怒りを抑えて、従い続ける理由にはなりません。

これまで親への怒りを抑え込んでいた人は、思い切ってぶちまけてしまいましょう。

また、当時はなんとも思っていなかったけれど、思い出したら怒りが湧いてくることもあるでしょう。

たとえば、「幼いころはお姉ちゃんと自分が差別されて当たり前だと思っていたけれど、今思い出したら私は明らかにひどい扱いを受けていた。あれは虐待と言ってもいい！」というような、「思い出し怒り」も相手に伝えていいのです。

ぶつけるタイミングは、自分がリラックスして話せる時。電話やメールといった手段でも構いません。自分の過去を振り返って、伝えたいことが心の中でまとまったら、「あの時」のことを抗議してみましょう。

具体的には、「昔を振り返る機会があったんだけど、あの時のことを、どうしても伝えたくて。あの時、○○をされた（言われた）けど、本当に辛かった。反省を促したいわけじゃなくて、そう思ってたことをわかってほしい」といった伝え方をします。

決して忘れてはいけないことですが、あなたの怒りを正直に伝えても、相手の反応はコントロールできません。大事なのは、「思いを伝えられなかった相手にようやく思いのたけをぶつけられた経験」をすることで、自尊心を高めることです。相手が反省するかどうかは、どうでもいいことなのです。思いを伝えた結果相手が怒りだしても「反省させよう」と意地になるのはやめて、一旦話をストップしその場を離れるか、一度連絡を絶ってしまいましょう。

さらなる揉め事を引き起こさないためにも、「昔こういうことがイヤだった」とだけ伝えて、それ以上は要求しないことが大切です。

反省の意を表明してくれて、話し合いの場を持つ場合も、レストランなどオープンスペースで一対一で話しましょう。お互い感情的になりすぎるのを防ぐことができます。

そして、結果はどうであれ、大変なことをなしとげた自分を思い切り褒めてあげてください。

恋愛障害で苦しみながらも、「自分は親に大切に育てられた」「自分は親を愛しているし尊敬もしている」「親に怒りなんて向けられない」という方もいます。しかし、「感謝や尊敬の念を抱くこと」と「許せなかったことを抗議すること」は、まったく別の次元の話であり、矛盾しません。人は複数の感情を、他人に抱くものです。

親に「思い出し怒り」を伝えて、うまくいったソラさんという女性の例をご紹介します。ソラさんは学生時代、就職活動で親に「日系メーカーにしか就職は認めない」「付き合う相手は正社員で、年収一千万くらいはなくちゃ」など、過干渉を受けている状態でした。その自覚はソラさんにもあったのですが、大事に育てられてきたゆえにずっと反抗できませんでした。

しかし、ソラさんが好きになったのは外資系コンサルティング会社に内定している同級生。日系の安定企業を求めている両親が猛反対することは火を見るより明らかでした。

「説得してみようと思う」と決心したソラさんは、彼を連れて実家へ突撃。顔を真っ赤にして、「今までこんなにあなたのためを思って育ててきたのに」と怒る両親へ、家にあった扇風機を投げつける大立ち回りをしました。今までおしとやかで、趣味はバイオリンと読書くらいだった彼女の反抗に親も、横にいた彼も唖然《あぜん》。その後は打って変わって「もう、好きにしなさい」と言われているようです。

現在ソラさんは、その彼と婚約中で、結婚式には親も出席すると笑っていました。「あの時反抗できて初めて、自分の人生を生きていいんだって思った。もちろん親のアドバイスが的確なこともあるけど、無条件に従うことはないんだとわかった」と話してくれました。

エクササイズ④　パートナーにきちんと「怒る」

たとえば、あなたのパートナーが待ち合わせ時間に一時間遅れたとします。昨晩寝不足だったのか、到着してからもずっとイライラしている様子。一緒に入ったレストランでは、店員のささいなミスに怒鳴り声を上げてクレームをつけています……。

こんなことがあったら、誰もが憤慨するでしょう。少なくとも、自分と一緒の場でしてほしいことではありませんよね。

ところが、恋愛障害に苦しむ人は、このような状況でも耐えてしまうのです。そして、後からその怒りをSNSで発散したり、自分が悪かったのかと悩んでみたり……。これは四章でも書いたように、「耐える」以外の方法でストレスを処理できないのが原因です。耐え続けても心に余裕のない状態は変わらず、いつか感情が暴発して自分や他人を傷つけることになります。そしてますます自分を嫌いになってしまうのです。

あなたは怒っていいのです。パートナーの態度はあなたが怒ることで変わらないかもしれません。大切なのは、「パートナーと完璧に同じ思考はできない」と伝えること。あなたが怒ることで、パートナーは「この人は自分と同じじゃないんだ。大事な人として、尊重しなくてはいけないんだ」というメッセージを受けとります。

逆に怒りをこらえて耐え続けると、恋人はあなたの感情に気づくことができません。仮にパートナーがモラハラ男子だったとしたら、あなたがきちんとアラームを鳴らさなければ、彼が自分の愚かしさに気づく機会がなくなってしまいます。怒りを伝えることは、公平に相手と付き合う上での「義務」だと言ってもいいでしょう。

しかし、「怒りビギナー」の方が、冷静に相手へ怒っていることを伝えるのは難しいものです。もし口頭で伝えることが難しかったら、メールなどを使っても構いません。

また、慣れていない人はつい、「なんでこんなひどいことするの？　最低!」と相手の人格を否定することを言ってしまうことがあります。ですが、怒りを伝えることに慣れている人は、「こうされて私は悲しかった。正直、今でも怒ってます」と自分の気持ちを冷静に記して怒りを伝えます。ここからは賢い怒りの伝え方と、具体的な文例をお伝えします。

「私は今怒ってるよ」

怒っていることだけをシンプルに伝える方法です。この言葉を聞いたのが健全な恋人であれば、「なぜ？　どうしたの？」とあなたの気持ちに寄り添ってくれるはずです。その場合はお礼を伝えましょう。

「今ムッとしたんだけど、自分でも理由がよくわからない」

怒っていることと、その理由が言葉にできないことを伝える方法です。あなたが怒っている理由を相手へ説明する義務はありません。伝えたところで相手の反省はコントロールできません。怒りの理由がわからない時は、わからないまま怒ってもいいのです。

「今怒っているから、少し頭冷やしてくる」

怒りをコントロールできるまで距離を置く方法です。ある程度怒ることに慣れてきて、「数時間、あるいは一日離れていればなんとかなる」と思えたら試してみましょう。この時も相手に理由を説明する必要はありません。頭が冷えてから、もしあなたが理由を説明したくなったらすればいい、くらいに考えましょう。

重度のモラハラ・暴力傾向のある人に、このような怒りを伝えた場合、結構な修羅場が予想されます。そんな時の対応法は、「自分の胸がときめく服を買う」の項目と似たものですが、大事な局面ですのでもう一度詳しく書いておきます。

怒りを伝えた時に、「は？　何言ってんの？」「舐めてんの？」と相手が怒り出しそうな時は、一旦打ち切りましょう。「この話はもうやめよう」とストレートに打ち切っても、「その話はまた今度、お互い冷静な時に話そう」と提案しても構いません。それでもダメなら、無言で家を出て行く方法もありです。

帰ってきた後、話を蒸し返されそうになったら、もう一度同じように対応しましょう。お互いに冷静になれるまで、いくら時間を置いても構いません。

万が一、暴力を振るわれるなどの攻撃を受けたら、専門機関に相談しましょう（専門機関のリストについては、本書の217ページをご覧ください)。

ここで重要なのは、「冷静になって、私の気持ちを受け入れてくれない限り、あなたとの関係は進めない」と示すことです。

最初は感情的な反応になるかもしれませんが、あなたの固い意志が伝われば、「このままでは、自分は相手にされなくなるかもしれない」ことを知ります。これも繰り返しになりますが、あなたを暴力や言葉で押さえつけたいと考える人は、見捨てられないかと不安を強く感じているのです。あなたを失う可能性があると感じたら、その行動が変わるかもしれません。

＊

ここで、事例をひとつご紹介します。

現在フリーランスのライターをしているミユキさんの彼は、付き合った当初こそ働いていましたが、いつしか半分無職のような生活に。家賃の半分を払ってくれないどころか、生活費もミユキさんが負担することになったそうです。

ミユキさんは二〇代後半、そろそろ結婚を真剣に考えなければならない年齢です。半月ほど悶々と悩んだ後、涙ながらにこう訴えたそうです。

「あなたの優しいところは好き。でも、働いてくれないことに本当に困っている。このままだと、子どもを作っても生活費を出せないだろうし、あなたとの未来を想像できなくなってしまった。私ももう若くない。これ以上、変わるかどうかわからないあなたを待つことはできないの。だから、一旦この家を出ていってくれる？」

そして、ミユキさんが出した条件は、「半年後から少なくとも家賃と生活費の半分、年金、税金、健保、そして貯金用の2万円を出す」。それも半年でできなかった場合は別れるという期限を設定したそうです。

ミユキさんの必死の訴えを聞いた彼は、意外な行動を取りました。なんと彼は、反省してくれたのです。

「ごめん、俺、ミユキが優しいから、本当に甘えちゃってた。家賃出してもらうのも、俺が苦しいんだから当たり前だと思っちゃってた。ミユキがそんなに思い詰めてたことに気づいてあげられなくてごめん。自分のひどさを初めて認識したよ……。言ってくれてありがとう」

そう言って彼は半年待ってほしいと伝え、家を出ていったそうです。彼は実家に帰り、バイトを始めました。正社員の職を得るべく、就職活動もスタート。二カ月目からはちゃんと家賃の半分と、今までミユキさんが負担していた保険料や税金も含めた、ミユキさんが指定した以上の金額を払ってくれているそうです。ミユキさんは彼の税金と保険料を払って、残りは貯金に回しています。

今でもデートはしており、時には彼は同棲状態に戻りたいと伝えてきます。そのたびにミユキさんは心を鬼にして、「半年かけて、誠意を見せてくれないとダメ」「あと、半年後にちゃんとできてなかったら、本当に別れるから」と言って、彼と別れて暮らし続けているそうです。

一人で家にいると寂しくなる時もありますが、彼が頑張ってくれていると思うと、その寂しさにも打ち勝てると言っていました。

「今まで、彼に厳しいこと言ったら捨てられるんじゃないかって怖くて、いつも言い出せなかったけど、『もう別れてもしょうがないや』って覚悟を決めたら、言い出すことができました。本当に私、もう後がないし……。今の彼は、付き合った当初以上に優しくしてくれます」

実家が近くにない彼の場合は、家を追い出すのはしのびないと思われるかもしれません。

実は私も過去に、同じような経験をしています。九州に実家がある男性の生活費から学費まで、すべて私が負担していたことがあるのです。そして別れた後も半年間、居座られてしまいました。今振り返れば「しばらく友達に頭を下げて泊まらせてもらえばいい」「敷金・礼金のお金がなくても、格安のシェアハウスだってある」と言えるでしょう。家から追い出されたからといって、ホームレスになる人はごく少数だと思います（金銭的問題を抱える場合だけではなく、浮気が絶えない、モラハラや束縛が激しすぎる、ＤＶを受けているといった場合にも有効な手立てだと思います）。

宣告した期限が守られない場合は心を鬼にして、別れを選択しましょう。彼の将来のためにも、そして何より自分自身のためにも。

常識や価値観が違っても、話し合ってみる

双方の自己主張が強すぎて、日常的に喧嘩が起こるケースもあります。この場合の対処法もご紹介しましょう。

恋愛障害に悩む人には、「言わずとも察してほしい」「好きだったら私の気持ちを察してくれるはず」と考える方がいます。恋愛障害ならずとも、無意識のうちに自身の経験を一般常識だと捉え、相手がそれにそぐわないと「常識外れだ」と感じる方はいらっしゃると思いま

す。

たとえば、あなたは、次のようなことを「常識」だと考えるでしょうか？

・毎日お風呂に入る
・パートナーや家族が風邪を引いたら看病する
・定期的に掃除する
・デートの時は、服装に気を使う
・人の家へ遊びに行く時は、お土産を持っていく
・パートナーの友達とも仲良くする
・下ネタを話さない
・電車で軽食を取る
・店員にタメ口で話しかける
・部屋にいない時は電気を消す
・服は脱ぎっぱなしにしない
・食事のマナーは守る

いかがでしょうか？

人にはそれぞれの「常識」があるはずです。そして、人はそれまでのルールに従って行動するため、自分の「常識」と異なる場合、一方的にフラストレーションを溜める結果になります。そして、「常識と思っていることが実は千差万別」だからこそ、「常識なんだから、言わなくても当然察して行動してよ」と思っていると、結局相手は全然動いてくれなくて、自分はイライラして……本当は喧嘩しないでいい場面でいつも揉めているカップルが大勢います。

私もかつては常識や価値観の違いに悩み、「どうしてトイレを使った後に、電気を消してくれないんだろう」「どうして服を脱ぎ捨てるんだろう」と口にできないまま、フラストレーションを溜めたものでした。そのような経験が重なると、対話することも嫌になり、「あの人は常識がない」「あの人とは価値観が合わない」と感じやすくなります。しかし、常識や価値観は合う／合わないと断定する前に、小さな話し合いによって大きく変わるのです。

たとえば私の場合、実際に「私、本当のことを言うと、以前から洋服を脱ぎ捨てたままにするのはやめてほしいと思ってたんだ。私の家ではこうだからっていう、身勝手な理由で申し訳ないんだけど、どう思う?」と伝えると、「ごめん気づかなかった、これからやめるよ」とすんなり直してくれたのです。

あるいは、「実は私、デートではいつもちょっとオシャレをしてほしいほうなんだよね」という要望を提案したとします。提案をされた側は「そう思ってたんだね。ごめん」と相手の気持ちに寄り添いながら、「日常の延長でデートしたいから、あまりオシャレしなくていいって思ってたんだ。でもレストランとか、ドレスコードがある場所は気をつけるよ」と譲歩する。こういったケースも考えられると思います。

「どうしてこうしてくれないんだろう」という感情は自分を抑圧し、ストレスを増やすだけです。一方、相手へきちんと要望を伝え、自分も譲歩することを積み重ねると感謝が生まれます。「いつも話を聞いてくれてありがとう」と思える関係を作るためにも、「察してほしい」と思うのではなく、実際言葉にするクセをつけてください。

また、お互い自己主張が強いタイプで長らく喧嘩が絶えず、不信感が募っている場合もあります。どちらかが冷静に話そうとしても、相手が意固地になって受け入れてもらえないかもしれません。

そういった時は、「相手にあることをやってもらう代わりに、私も何かひとつは受け入れる」という話し合い方を試してみてください。

具体的には、お互いが冷静になったタイミングで、次のように切り出しましょう。「どうしてもしてほしくないこと、してほしいことってあるよね？　でもいざ『やめて』とか『やって』と言うだけじゃできないよね。だから、『どうしてもやめてほしいこと』あるいは、『絶対やってほしいこと』を、お互いに四つずつ出しあおう。そして中身に納得できなくても、相手のためを思って、その四つは守るようにしない？」と。

そしてその要望を書き出して壁に貼ったり、スマホの待ち受け画面に設定したり、いつでも見られるようにしておきます。たとえ納得していなくても、行動を変えることで相互に、「受け入れてもらえた」「愛されているんだ」と感じることができるのです。

また、「一緒にやろう」と声をかけるのも得策です。「旅行する時って、行き先を調べたり宿を取ったりするのも大変だよね。一緒にやろうよ」「料理が苦手だって言ってたけど、俺も覚えたいから一緒にやらない？」といった言葉は、お互いに負担を背負うことを示唆できるため、一方的に要求されたとは感じにくくなります。

そもそも愛情のやり取り自体が上手くいっていないパートナーの方々にとって、これらの方法が相互理解の第一歩になれば嬉しく思います。

幸せになれないなら「別れる勇気」を持つ

いろいろな方法をご紹介してきましたが、それでもなお相手に改善が見られない場合は、別れを選択する勇気も必要になってきます。

しかし、キレイに関係を絶つことができれば、そもそも恋愛障害に苦しむことはなかったはず。「私がいなくなったら、彼はどうなるんだろう」と余計な心配をしたり、「別れ話を切り出したら、怖い目に遭うのではないか」と不安になったり、「私なんかを愛してくれる人、もういないかもしれない」と自分を過小評価するなど、別れることを恐れさまざまな理由で別れを回避しようとするのです。

株の世界では「損切りが命」という言葉があります。「損切り」とは、株の値段が想定以上に下がってしまった段階で、それ以上の損失を出さないようにその株を売ってしまうことです。なぜ恋愛において私たちは、早い段階で「損切り」できないのでしょうか。

実は、株で損切りができない人と、恋愛で別れ下手な人が陥る心理は同じものです。

最初の幻想を引きずって、「今はダメでも（前の株価を／恋人の愛情を）取り戻せるに違いない」とわずかな期待をかけ、ダラダラ関係を続けてしまう。それを経済学用語で「サンク・コスト効果」と言います。

誰だって付き合い始める段階でクズ男と誠実な男性が並んでいたら、誠実な男性を選ぶはず。

しかし現実では最初は誠実そうだったのに、付き合ううちにクズ男の要素が見えてきます。そうすると「私にも非がある。私の努力で付き合った当初の彼が戻ってくるかもしれない」と期待してしまい、結果として、とてつもない時間とお金と心を浪費してしまいます。お金だけがなくなる株取引より大損だと言えます。

あなたが精一杯努力をしてなお改善が見られないパートナーは、早めに損切りする勇気が必要です。もちろん、相手を傷つけないように配慮することは重要ですが、あなたの幸せが脅かされるようであれば、それさえ後回しにして構いません。

あなたが「自分なんて価値がない」と思わせる相手と付き合うくらいなら、自分を尊重してくれて「自分ってすごい」と思わせてくれる相手を選ぶべきです。

とはいえ、パートナーを損切りするタイミングの精査は難しいもの。そういう場合は、「話し合いができるか」を基準に考えましょう。本書で紹介した方法も含めいろんなことを試してみてください。

どんなパートナーであれ、自分と合わない点は出てくるでしょう。重要なのは「私は怒ってるの」とか「もっとこうしてほしい」と声を上げた時に、あなたの言葉を汲《く》んでくれるかどうかです。

話し合ったところで、妥協できないこともあるかもしれません。しかし不満を伝えた際に、対等に扱い気持ちを尊重してくれるパートナーであれば、あなたの恋愛障害も「一緒に」克服してくれるでしょう。

ちなみに、「恋愛は唯一無二の人に出逢うゲーム」だと思うと、心が動いた相手へは際限なくリソースを割きたくなります。しかし、現実は異なります。

恋愛とは実際のところ、ちょっとつまらなく思うかもしれませんが「自分を害するリスクが少なく、幸せにしてくれる相手」を探すゲームなのです。

そこまで理解した上で思い切って今の相手を「損切り」しても、次のパートナーは一目ぼれの相手を選ばず、「友達三人に彼氏候補を面接してもらう」など今までと似た相手を選ぶリスクが少なくなる行動を取るべきです。具体的には「友達紹介するねー」と伝えて、友人に会ってもらい、感想を聞きます。そこであなたの友達の多くが「あの人はちょっと……」と判定するような人は、危険だと考えましょう。

気分が上がらない日は、やりたいことを細分化する

「自分のしたいことをやる」エクササイズを進めていく上で、どうしても「やる気が起きない日」もあると思います。

ベッドから出るのもイヤ、食事も取りたくない、人と会うなんてもってのほか。そのままベッドで一日を過ごせる日だったとしても、夜になると後悔することはわかっている……。それでも動きたくない場合は、やりたいことを「細分化」することをおすすめします。

わかりやすい例として、朝起きてから本屋へ行く行動を「細分化」して考えてみます。

ベッドから出る↓とりあえず一杯水を飲む↓服を脱ぐ↓シャワーを浴びる↓服を着る↓カバンを持つ↓靴を履く↓家から出る↓駅前まで歩く↓本屋へ入る

このようにタスクを細かく分けると、ひとつひとつの行動に対する心理的ハードルが下がります。スマホのメモ帳に書き出してもいいでしょう。

「本屋に行くのは辛いけど、とりあえずベッドから出るだけなら……」と動き出す。ベッド

から出ると「お水一杯なら飲めるかも」と次の行動へ。これでも辛ければさらに細かく行動を分けてみます。たとえば、「机の上にあるコップを手に取る」「シンクまで歩く」「蛇口をひねる」といった具合に、まるでプログラミングされたかのごとく一挙手一投足を別のタスクとして考えるのです。

そして、無事に行動ができたら、「ベッドから出られないと思っていたのに、今はもうリビングにいるじゃん、やったね」「あと少しで外出の準備が全部終わるよ。すごいね」と、その都度自分を褒めてあげます。自分で自分を褒めることも、次の行動を起こすインセンティブ（誘因）になります。

仮にベッドから出ることなく一日が終わったとしても、「あえて休養を選んだ、自分の体を理解しているってことだ。グッジョブ！」とそれでも自分を褒めちぎります。

休んでいても、動いていても、あなたはあなたを褒めちぎる。最初は無理やり褒めることになるかもしれませんが、期間限定でもいいので一度試してみてください。そうすることで、自然と自信がつくのがわかると思います。

自分を褒めるためのテクニック

自尊心を育てる上で重要なのは、結果が出なくても自分を評価することです。

恋愛障害に苦しむ方は、周囲の評価如何《いかん》で自尊心を奪われる傾向にあります。何かで失敗した時に、「自分なんて価値がないんだ」と極端に低い評価を下してしまいます。

たとえば、あなたが前から行きたかったカフェがあったとします。ある日、散歩がてら行ってみると残念ながら定休日。このような場合、恋愛障害の人はよく「なんで口コミサイトを調べておかなかったんだろう」「なんで事前にお店へ一本電話しなかったんだろう」と自分を責めてしまいます。失敗に「耐える」対処法しか知らないため、ささいなことでも自分の落ち度を積極的に探してしまうのです。

しかしここでもあえて、「カフェ一軒のためにここまで歩いた自分がすごい。カフェへの情熱がすごい。もはやカフェが好きすぎて店を開くべきじゃないか?」と大げさに自分で引いてしまうほど褒めてみてください。これを繰り返すことで、結果を評価するのではなく、頑張った自分を評価する習慣が身につき、自尊心を育てることができます。

以下、誰でもある失敗と、そこで「あえて褒める」言葉を例示しておきます。もし同じような経験をしたら、呪文のように唱えてみてください。

出かけてから忘れ物に気づいた時……

「忘れ物にこんな早い段階で気づくなんて、自分はただ者ではない。以前までの私なら気づいたとしても電車に乗ってから、下手すると行き先に着いてからだった。第六感めいたミステリアスパワーが高まっているのを感じる。これは玄関のドアを開く前に気づく日も近いぜ！」

気になる人から返事が来ない時……

「人の連絡を待つなんて、俺って健気！　あまりに健気すぎて俺が俺に感動！　この連絡をよこさない女も、俺の健気王っぷりにひれ伏すがいい！」

恋人へ直してほしいことを伝えたら、感情的に怒られた時……

「せっかく正確にフィードバックしてあげたのに、直さないなんてもったいないなあ。人から欠点を指摘してもらえるなんて、人生でもめったにないチャンスなのに。ま、一〇年後に悔しがって、私の言うことを聞いておけばよかったと思っても相手にしてあげないかもしれないけどね（笑）」

つい、自分を大事にしない行動を繰り返してしまった時……

「今までの人生、ここまで頑張ってきたのすごいと思うんだよね。その反映が今なんだから、自分を大事にできなかったとしても、昔からの習慣を続けてるだけでしょ。これから変えればいいんだから、大丈夫。むしろ余裕!?」

ダメな人を好きになってしまった時……

「偉いよね、昔からの人の好みを律儀に守ってるなんて。ひとつの習慣を続けられる人って、そんなにいないよ。ってことは、次からまともな人を好きになれたら、同じようにまともな人ばかり好きな習慣を身につけられるかもしれないじゃん。自分に根気があるってわかってよかったわー。この世のすべてにマジ感謝だわー」

私の経験上、多少アホっぽさを交えて褒めるほうが、恥ずかしくならずに実践できます。「よく頑張ったね」と自分に話しかけるほうが、かえって生真面目で恥ずかしいもの。頭の中で自分のための劇場を作ったつもりになって、思い切り不運を楽しむくらいでちょうどいいのです。

ちょっとしたワガママがあなたを幸せにする

ここまで、「愛される自分」になる、自尊心の育て方について書いてきました。自尊心があまりない人にとっては、「ワガママすぎる」と捉えられるかもしれない内容です。

しかし、ワガママに生きるほうが、実は周囲にとってもいいことなのです。

あなたは誰かから気を使われると、自分も気を使ってしまいませんか？　あるいは、互いが気を使いすぎて、まったく親しくなれず、ちっとも楽しくないと感じた経験はないでしょうか？

初対面の人やあまり親しくない人と接する時、多くの方はこのような「気遣い地獄」に陥ることがあります。疲れるだけで、関係も長続きしません。対等なパートナーシップとは対極にあるものなのです。

たとえば、あなたが家へ友達を招いたとします。ガチガチに緊張して部屋で縮こまっている友人より、勝手にリラックスして「あ、お茶ある？」と聞いてくるちょっと無礼なくらいの友人のほうが安心できませんか？

ちょっとくらいワガママであることが、相手に「自分も気を使わなくていいんだ」と安心感を与えることへ繫がります。

相手のためにワガママを言うんだと思って、できることからひとつずつ始めてみてください。少しずつですが、自分の「やりたいこと」を伝えることで周りも、あなたも対等なパートナーを見つけられる自分へ、変化してゆけるはずです。

第六章

恋愛障害からの卒業

目指すは「一人で過ごせる人」

四章、五章のエクササイズによって、恋愛障害の克服と同時に、親子関係が修復した方もいらっしゃいます。ただ、親子関係が修復されたからといって、恋愛障害を克服できたということではありません。恋愛障害を克服する上で、親と仲良くしたくなれば関係を修復し、絶縁したければ今から距離を置いてもいいのです。

また、エクササイズを続ける上で新しい彼氏・彼女ができたからといって、それが「脱・恋愛障害」だとも言い切れません。

恋愛障害の克服にとって最も重要なのは「私はこれでいいんだ」と自己受容できることです。そして、ありのままの自分でも愛される資格があると信じられる――つまり自尊心が満たされている状態にあることです。

自分のことを愛せるようになると、一人の時間が楽になります。

人に媚びて自分を好きになってもらう必要もなくなります。必然的に、恋愛対象となるのは、きちんと自分を尊重してくれる人になります。

ただしそうなると、数年単位で彼氏・彼女がいないことも珍しくなくなります。パートナーがいなくても「一人で過ごせる人」であることが、幸せになる恋愛ができる人の条件だからです。

「寂しさを埋めるために苦しい恋をするくらいなら、一人でも幸せでいられる」

これが、「脱・恋愛障害」の条件です。

元彼・元カノから連絡が来た場合

さて、「恋愛障害を克服したぞ！」「一人の寂しさに打ち勝てるようになった！」と喜んでいる時、「元彼・元カノ」から連絡が来ることで惑わされることがあります。あなたが寂しさに苦しむ中で見つけたパートナーは同じような寂しさに苦しんでいる可能性が高く、ふと「もしかしてまた自分を救ってくれるかもしれない」と頼ってくるのです。

しかし、自分で手一杯の人が、他人のことに構っている暇などないはず。たとえるなら、自分のご飯を抜いて人へあげるようなものです。そんなこと神様だってやりません。

あのイエス・キリストだって、飢えた人々へパンを与える時に五千人と「分けて」、自分のパンはさりげなく確保しているわけです（マタイ福音書14：15）。キリストだってそうなのですから、私たち普通の人間が自己犠牲に走る理由はないでしょう。

どうしても頼ってくる元彼・元カノを助けたくなったら、その悩みに応じて、セラピストや司法・会計のプロや専門機関を紹介してあげましょう。根本的な解決を求める人のために誰にでも紹介できるサービスを、217ページにリストアップしておきます。

元彼・元カノがもしあなたを自己受容する気もないのに寂しさを埋めるため利用しようとしているなら、外部支援団体を紹介した時点で連絡を絶ってくるはずです。「一緒に寂しさを味わってよ」と、あなたへ苦しみを押し付けるだけの悪霊みたいな存在ですから無視して構いません。

あなたの精神が安定してこれからの人生を幸せに過ごせることは、元彼・元カノを助けることよりも重要です。たとえこれまで会っていた相手でも、今日から関係を絶ってもいいのです。繰り返しになりますが、「一人の寂しさに耐えられる勇気」、これこそが、恋愛障害脱却のために最も身につけていただきたいスキルです。

「今日は仕方ない」とやり過ごしていい

恋愛障害で、これまで苦しんできた方はさぞ辛かったと思います。十分頑張ったんだ、とまずは努力を認めてあげてください。その上で、もう苦労しなくていいことも知ってほしいと思います。

どんな過去があったとしても、あなたは人に愛される資格があります。人を愛する資格もあります。今まで自尊心を育てる機会が足りなかったから苦しんでいただけの話です。

自尊心を育てる旅は一筋縄ではいかないかもしれません。

昨日は自分が大好きに感じられたのに、今日はそのように思えないこともあるでしょう。そんな日であっても、「今日は仕方ない」と言って、やり過ごしてみてください。いつか自分が「前より自分を好きになっている」とお気づきになることでしょう。

最後に、あなたの勇気へと繋がる言葉をご紹介して、本書を終えたいと思います。「境界例と自己愛の障害からの回復」（＊11）というウェブサイトの言葉です。恋愛障害がぶり返してきた時や、「もう愛されることなんてないんだ」と心がくじけそうになった時、きっとあなたの力になるはずです。


親や他人から言われたからって、自分で自分を見捨てる必要はないんだ。

自分で自分を見捨てなくてもいいんだ。

お前はもう充分自分を見捨ててきたじゃないか。

お前はもう充分自分を傷つけて苦しめてきたじゃないか。
もう充分じゃないか。
お前はもう自分を見捨てなくてもいいんだ。

これからは自分で自分を大切にしよう。
これからは自分で自分を育てよう。

あとがきの前に——専門機関のご紹介

次に挙げるリストは、セラピストや司法・会計士など専門家の助けが必要となった際頼りになる相談機関です。
また、もし自分だけでは背負えない課題が生まれたら相談してみてください。元彼・元カノからやっかいな相談が来た場合も、こちらを案内してあげましょう。

法テラス
場所を問わず、法的なトラブルの解決に必要な情報やサービスの提供を受けられるようにするため、総合法律支援法に基づき設立された法務省所管の法人です。無料で電話による法律相談をすることができるほか、メールでも相談を受けています。借金の相談から親子関係の法的解決、訴えられそうな際の対応も相談できます。
http://www.houterasu.or.jp/

弁護士ドットコム
全国の弁護士を検索・相談できるウェブサイトです。無料で相談することもできますので、いきなり弁護士に対面で相談するのはちょっと抵抗がある、という方におすすめです。
https://www.bengo4.com/

一般社団法人　日本臨床心理士会「臨床心理士に出会うには」
「心の専門家」こと臨床心理士の資格を有するカウンセラーがいる場所を、全国から検索できます。検索結果には最寄り駅も記載されており便利です。
http://www.jsccp.jp/near/

配偶者からの暴力被害者支援情報
内閣府が運営する、ＤＶ被害に遭われている方の支援サイトです。相談機関一覧から全国の窓口を探すことができます。また、一時避難することができる「シェルター」への窓口も用意されています。
http://www.gender.go.jp/policy/no_violence/e-vaw/index.html

サバイバーズ・リソース

最後に手前味噌で恐縮ですが、性暴力の被害に遭った方（サバイバー）や、その支援者向け情報サイトをボランティアで運営しています。緊急時の相談窓口もリストアップしています。

http://s-resource.info/

あとがき

かつてask.fmという、誰でも気軽に匿名相談できるサービスがインターネット上で流行《はや》っていました。私へ届く匿名相談はキャリアから恋愛に関することまで多岐にわたりましたが、そのうちあることが気になりました。「自尊心が持てない」「愛されたい」といった内容が非常に多かったのです。

こういった相談を受けるのは、私が連載で不倫女子などを特集していたこともあるかもしれませんが、「愛され方」に不自由を感じている人はかなり多いのではないか。そう思った時「自尊心の手に入れ方」をいつか執筆したいと考えていましたが、文字数はどう考えても数万字、なんなら十数万字になるぞ、と頭を抱えました。私は主にウェブ上で物書きのお仕事をいただいており、掲載文字数にはかなりの制限がありました。ウェブ媒体では文字数が多いと、読者が読み疲れて途中でページを閉じてしまうからです。

そんな折に書籍化のお話をいただき、これらの相談にお応えする機会をいただけました。この本がこれからは私の代わりに活躍してくれればと思います。

編集プロダクションの「編集集団WawW！Publishing」の乙丸様、杉山様には企画段階からこれ以上ないほど強力なサポートをいただき、厚くお礼を申し上げます。出版企画を進めてくださった光文社の樋口様、ありがとうございます。そしてインタビューをご快諾くださった皆さま、恋愛障害の方を傷つける箇所がないかチェックしてくださったないちご様厚く＆熱くお礼申し上げます。また、「物書きなら自分で自分の仕事をコントロールできるから、週三で休めるわ」などと嘯いておきながら、書籍化や取材で休みなく働いてしまった私を応援してくれた夫へもお礼を申し上げます。

そして最後に本書に最後までお付き合いいただいたあなたが、自分を少しでも好きになれますように、これ以上傷つかず幸せになれますよう、願っています。

参考資料

序章

＊1　リクルートブライダル総研「恋愛・婚活・結婚調査２０１５」五〇〇〇名、二〇一五年

＊2　結婚相手紹介サービス 楽天オーネット調査「第21回 新成人意識調査 ２０１６年新成人の恋愛・結婚意識」六〇〇名、二〇一六年

＊3　リクルートブライダル総研「恋愛観調査２０１４」五〇〇〇名、二〇一四年

＊4　内閣府調査「平成25年度 我が国と諸外国の若者の意識に関する調査」一一七五名、二〇一四年

＊5　モッピーラボ「20代・30代の恋愛事情に関する調査」一一七八名、二〇一一年

＊6　@nifty 何でも調査団「恋愛・結婚についてのアンケート・ランキング」二一八一名、二〇一二年

＊7　西尾和美『機能不全家族――「親」になりきれない親たち』（講談社、一九九九年）

第二章

＊8　東京都生活文化局『「若年層における交際相手からの暴力に関する調査」結果』（二〇一三年）

第三章

＊9　ＩＢＪがお見合いパーティーに参加した二〇歳代～四〇歳代の未婚男女六九二人を対象に実施したアンケート調査、二〇一三年。データは日経ウーマン「恋人に求める最優先条件は?」（二〇一三年一〇月七日）の記事より。

http://wol.nikkeibp.co.jp/article/trend/20131007/163401/

＊10　「女性の『オタク』のイメージに関する調査」（株式会社バルク、二〇一〇年、一〇代～三〇代女性、参加者数合計一〇五二人（年代別内訳：一五～一九歳二一〇人、二〇～二四歳二一一人、二五～二九歳二一〇人、三〇～三四歳二一一人、三五～三九歳二一〇人）
https://www.vlcank.com/mr/report/039/

第六章

＊11　ウェブサイト　境界例と自己愛の障害からの回復「自分への語りかけ」（二〇一六年一月七日最終閲覧）
http://homepage1.nifty.com/eggs/toikake.html

図版作成／デザイン・プレイス・デマンド
編集協力／編集集団WawW! Publishing
カバーイラスト／Kamesan

※本著で取り上げたインタビューおよび事例は、個人情報保護のため、また読みやすくするために一部改変しています。ご了承ください。

トイアンナ（といあんな）
ライター・性暴力防止団体「サバイバーズ・リソース」理事。慶應義塾大学法学部卒業後、外資系企業にてマーケティングを約四年間担当。業務や独自の活動で「キャリア」「不倫女子」「風俗嬢」などをテーマに500名以上からヒアリングを重ねる。現在「ありのままの自分を愛する自尊心の育て方」をテーマにさまざまな媒体で執筆中。http://toianna.hatenablog.com/

恋愛障害《れんあいしょうがい》　どうして「普通《ふつう》」に愛《あい》されないのか？

2016年6月20日初版1刷発行

著　者 ── トイアンナ
発行者 ── 駒井　稔
装　幀 ── アラン・チャン
印刷所 ── 堀内印刷
製本所 ── 榎本製本
発行所 ── 株式会社光文社
東京都文京区音羽1-16-6（〒112-8011）
http://www.kobunsha.com/
電　話 ── 編集部03（5395）8289　書籍販売部03（5395）8116
業務部03（5395）8125
メール ── sinsyo@kobunsha.com

ISBN 978-4-334-03929-5

光文社新書

802
非常識な建築業界
「どや建築」という病
森山高至

「どや顔」をした公共施設の急増、下請け丸投げのゼネコン、偏った建築教育…etc. 新国立競技場問題や傾斜マンション事件が巻き起こった背景を、建築エコノミストが明らかにする。

978-4-334-03905-9

803
お腹やせの科学
脳をだまして効率よく腹筋を鍛える
松井薫

一般的な腹筋運動では、なぜお腹がスリムにならないのか？ スポーツトレーニングの第一人者がロジカルに解説する、時間がない人のための、画期的なお腹やせトレーニング法！

978-4-334-03906-6

804
写真ノ説明
荒木経惟

妻、愛猫、ガン、右眼。大事なモノを失う度に撮る写真が凄みと切なさを増していくアラーキー。名作から撮り下ろし、「人妻エロス」、路上ワークショップまで〝写鬼〟の全てが分かる！

978-4-334-03907-3

805
勤勉は美徳か？
幸福に働き、生きるヒント
大内伸哉

仕事のための人生か、人生のための仕事か――。大きなストレスを抱えて働く現代日本人の「不幸の原因」はどこにあるのか。「幸福に働き、幸福に生きる」ためのヒントと具体案。

978-4-334-03908-0

806
遠近法《パース》がわかれば絵画がわかる
布施英利

物体、色彩、陰影、線……。さまざまな「重なり」を、私たちは目と脳で、どう読み解いているのか。名画、建築、庭園、現代アートを参照しつつ、二次元・三次元の世界を解説する。

978-4-334-03909-7

807
残念な警察官
内部の視点で読み解く組織の失敗学
古野まほろ
元警察官僚の作家が読み解く、日本警察史に名を遺した「四大不祥事」。単なる批判や擁護ではない分析から見えてくるものとは何か？　誰も語らなかった日本警察論！
978-4-334-03910-3

808
漢和辞典の謎
漢字の小宇宙で遊ぶ
今野真二
漢和辞典と漢字辞典は何が違うのか？　画数の多い漢字No.1は？　目当ての字に辿り着けない拷問……??　こざとへんはこざるへんだった⁉　時空を超えたことばの世界を大解剖！
978-4-334-03911-0

809
戦場カメラマンの仕事術
渡部陽一
ますます危険が高まる戦場取材。必ず生きて帰って「伝える」ため、著者はいかに危機管理と任務を遂行しているのか。方法論を披露。恩師ジャーナリストたちとの対談集付き。
978-4-334-03912-7

810
下流老人と幸福老人
資産がなくても幸福な人
資産があっても不幸な人
三浦展
現在の日本の下流社会的状況の中から、65歳以上の高齢者の下流化の状況を分析するとともに、お金はないが幸福な老人になる条件は何かを考える。藤野英人氏との対談を収録。
978-4-334-03913-4

811
会社の中はジレンマだらけ
現場マネジャー「決断」のトレーニング
本間浩輔　中原淳
「仕事をしないおじさんの給料はなぜ高い？」「なぜ産休の人員補充がない？」。会社のジレンマから抜け出し、決断する術を、人材開発の俊英が解き明かす。現場マネジャーを楽にする一冊。
978-4-334-03914-1

812
地域再生の失敗学

飯田泰之　木下斉
川崎一泰　入山章栄
林直樹　熊谷俊人

今、本当に必要なのは民間主導の地域の魅力を生かす活性化策だ！　気鋭の経済学者が、一線級の学者、事業家、政治家らと徹底議論し、怪しい政策に騙されないための考え方を示す。

978-4-334-03915-8

813
貧血大国・日本
放置されてきた国民病の原因と対策

山本佳奈

鉄は人間の体にとって極めて重要な栄養素。世界では鉄の欠乏を予防する対策がとられているが、日本は「ほぼ無策」。これまで見過ごされてきたその実態、危険性、対処法を綴る。

978-4-334-03916-5

814
年上の義務

山田玲司

「威張らない」「愚痴らない」「ご機嫌でいる」。人気漫画家が各界の有名人への取材を続ける中で導いた、この国をよくするために「大人」が果たすべきたった3つの義務を伝授！

978-4-334-03917-2

815
闇経済の怪物たち
グレービジネスでボロ儲けする人々

溝口敦

出会い系・イカサマ・仮想通貨etc. 法律スレスレの世界で、荒稼ぎする企業家たち――現代の「欲望」を糧として躍動する彼らの知られざる実態に、極道取材の第一人者が迫る！

978-4-334-03918-9

816
掃除と経営
歴史と理論から「効用」を読み解く

大森信

たかが掃除、されど掃除――。日本の名経営者たちは、なぜ掃除や整理整頓を大切にしてきたのか。歴史と最新理論から、組織における〈目には見えないけれども大切なこと〉を考察。

978-4-334-03919-6

817
広島カープ　最強のベストナイン
二宮清純

名うてのカープウォッチャーがOB・現役の中からベストナインを決定。投手は先発3人、中継ぎ・抑えを各1人、さらに監督も加え、計14人の超個性派たちの熱き言葉をレポート！

978-4-334-03920-2

818
「がん」では死なない「がん患者」
栄養障害が寿命を縮める
東口髙志

病院で栄養不良がつくられ、がん患者の大半が感染症で亡くなっている――。栄養軽視の医療に警鐘を鳴らし、がんを抱えてでも、本来の寿命まで生き切るためのヒントを教える。

978-4-334-03921-9

819
人間を磨く
人間関係が好転する「こころの技法」
田坂広志

なぜ、欠点の多い人間が好かれるのか？　なぜ、「嫌いな人」を好きになれるのか？　今すぐ実践できる「7つの技法」が、あなたの人間関係と人生を良きものへと導く。

978-4-334-03922-6

820
本物の教育
偏差値30からの京大現役合格
林純次　阪本凌也

コミュ障で、いじめられ、中学受験も失敗。そんな自分（阪本）が高校で先生（林）に出会い、京大に進んだ、学びの物語――。ベストセラー『残念な教員』の著者による、新たな教育論。

978-4-334-03923-3

821
語彙力を鍛える
量と質を高めるトレーニング
石黒圭

語彙力のある人とは、言葉の数が多いだけでなく、適切な語を選択する力がある人。脳内の辞書を豊かにし、使用可能な語を増やし、それを効果的に表現に活用する22のメソッドを伝授。

978-4-334-03924-0